Das Taschenbuch für den täglichen **KICK**

Wer die universellen Gesetze versteht und danach strebt, sie positiv umzusetzen, wird Glück, Erfolg und Wohlstand in sein Leben ziehen.

Das Taschenbuch für den täglichen **KICK**

Einen Moment bitte ...

Das Taschenbuch für
den täglichen *KICK*

Christine Hofmann

Impressum

Bibliografische Information der Deutschen Nationalbibliothek

Die Deutsche Nationalbibliothek verzeichnet diese Publikation in der Deutschen Nationalbibliografie; detaillierte bibliografische Daten sind im Internet über http://dnb.dnb.de abrufbar.

© 2017 Christine Hofmann, 4. Auflage
Herstellung und Verlag
Books on Demand GmbH, Norderstedt

Fotos: u.a. Uli Mattes
Grafik/Cover: Wencke Börding

ISBN: 9783743136717

Wichtiger Hinweis

Die im Buch veröffentlichten Ratschläge wurden vom Verfasser sorgfältig erarbeitet und geprüft. Eine Garantie kann dennoch nicht übernommen werden. Ebenso ist die Haftung des Verfassers bzw. des Verlages und seiner Beauftragen für Personen-, Sach- und Vermögensschäden ausgeschlossen.

Das ist alles drin!

Mal kurz vorweg! 11
Was erwartet dich in diesem Buch? 15
Denn Träume werden wahr! 17
Sonniger Tag 23
Lösungen 27
Think positive! 30
Die „Wäre es nicht schön, wenn … - Methode" 30
Angst, warum eigentlich? 34
Sichtweisen 39
Dankbarkeit 43
Nimm dir Zeit 45
Vertrauen 49
Lächeln 54
Anerkennung zeigen … 56
Zeit! 59
Einzigartigkeit 62
Dein Glück ist deine innere Haltung 64
Loslassen 66
Wann hast du … 67

Aufgeschoben… 68
Glücksmomente 72
Toleranz 76
Achte auf deine Gedanken 79
Sechs Schlüssel zum Erfolg 83
Vertrauen 84
Hindernisse 87
Entscheidungen 88
Hast du ein Ziel? 89
Gemeinschaft 91
Ziele 94
Fünf Schritte zum Ziel: 94
Es liegt ganz allein an mir 95
Diese vier Schritte entscheiden über Erfolg oder Misserfolg: 96
Das Gesetz der Ablehnung 99
„Die Bilanz meines Lebens" 102
Jeder hat ein „Navi" an Bord! 107
Ich bin dein ständiger Begleiter 111
Keine Zeit? 116
Was bleibt 117

Vergebungstechnik 119
Veränderung 122
Außer Kontrolle 125
Hast du GEDULD? 129
Kennst du das auch? 132
In der Ruhe liegt deine Macht 134
Du bist machtvoll 136
Guten Morgen, liebe Sorgen 137
Selbstvertrauen 140
Kann das sein? 143
Glücklich und erfolgreich sein 146
Tage wie diese 148
Habe Mut und dir gehört die Welt 151
Ich träumte einen Traum 153
Jeder Mensch ist dazu bestimmt, zu leuchten! 155
Über mich - Christine Hofmann 159
Hier findest du mich: 163
Mini-Vision-Board! 168
Meine Buchempfehlungen 174

Mal kurz vorweg!

Es war im Jahr 2009:
Nun war es soweit, ich hatte endlich meine Komfortzone verlassen und nach einigen Aufforderungen verschiedener Personen MEIN Buch geschrieben. Christine Hofmann und ein Buch? Ja, ich hatte ein Buch geschrieben. Die Person, die ein halbes Leben lang unter ihrer Rechtschreibschwäche gelitten hatte und sich 2009 noch kein Korrektorat leisten konnte. Dafür gab es einige freiwillige Helfer! Tja, alles ist möglich, wenn man sich traut und es wirklich machen will!
Heute, im Jahre 2017, überarbeite ich das Buch und freue mich, wie zeitlos es ist. Vieles ist in den letzten Jahren geschehen und ich liebe mein Business mehr als je zuvor!

In diesem Buch spreche ich den Leser mit dem wertschätzenden „Du" an. Dem einem oder anderen mag das vielleicht für unseren ersten Kontakt zu persönlich sein, doch bitte ich dich in diesem Fall um Verständnis, denn es fällt mir einfach leichter, so zu schreiben, wie ich denke, und es kommt wirklich von Herzen. Dieses Buch kannst du so lesen, wie du magst; es gibt keinen richtigen Anfang und kein richtiges Ende. Das ist doch schon mal eine coole Sache, oder? Es ist ein **Taschen**buch und somit kannst du es überallhin mitnehmen. Mache durch deine Notizen ein Unikat daraus!

„Einen Moment bitte ..."

Mit diesem Buch kannst du in wenigen Minuten wertvolle Denkanstöße, Ideen oder auch Lösungen finden.

Mir liegen verschiedene Themen auf dem Herzen, die ich gerne an dich weitergeben möchte; sie erhellen den Tag und es wird dann für dich leichter, weiterzugehen, für den Fall, dass dein Tag vielleicht noch nicht so positiv gelaufen ist. Es wäre sehr schön, wenn du dieses Buch als kleinen, handlichen Ratgeber mit durch den Tag nehmen würdest. Es ergeben sich immer Möglichkeiten, darin zu lesen und dir Notizen zu machen:

Im Bus, in der Bahn, während der Pause ...

Ich glaube, an diese Stelle hier passt eine kleine Danksagung:

Danke an ALLE, die an mich glauben und mich positiv durch mein Leben begleiten. Und auch jenen, welchen ich so manche Lehrstunde zu verdanken habe, die sich nicht so toll angefühlt hat. Doch wie heißt es so schön:

> Ich verliere niemals; entweder ich gewinne oder ich lerne!

An erster Stelle natürlich ein besonderer Dank an meinen Mann Martin, der mir immer und ewig den Rücken freihält, damit ich das machen kann, was mir am meisten liegt. Dann natürlich ein dickes Dankeschön an meine beiden Söhne Marvin und Mika, die mit ihrer Mama schon recht oft Geduld haben müssen. Ich bin sehr, sehr stolz auf Euch!

Dann noch an all die lieben und wertvollen Helfer, die an diesem Buch mitgewirkt haben - DANKE!

Was erwartet dich in diesem Buch?

Eine Klasse für sich! Ich habe bisher kaum ein Buch gelesen, dessen Sinn mir sofort klar war und das ich mit meinen Gefühlen und Überlegungen zu 100% in Einklang bringen konnte.

Es zeigt auf einfachste Art auf, wie jede/r für sich etwas Wesentliches dazulernen und auch sofort nutzen kann.

Der brillante Stil besticht und bereitet viel Freude beim Lesen.

Trotz meiner jahrzehntelangen Erfahrung im Bereich Personal Coaching habe ich selten so viel Wissen und Weisheit in so einem kleinen Büchlein gefunden - in so komprimierter Form und doch ausführlich genug, um es sofort umsetzen zu können.

Es sind KEINE unverständlichen Begriffe verwendet worden, also sind auch keine Vorkenntnisse erforderlich, um ALLES zu verstehen.

Das Büchlein (eigentlich sollte ich von einem KOMPAKTEN BUCH reden) ist für ALLE einsichtig und schlüssig - und somit eine unmittelbare Bereicherung.

Selbst ein/e erfahrene/r Personal Coach kann vieles daraus lernen. Ich werde es an alle meine Freunde verschenken und kann es ALLEN wärmstens empfehlen.

Gottfried Däuschinger
"Master of Personal COACHing"

Mehr Informationen über Christine Hofmann

ab Seite 159

Denn Träume werden wahr!

Heute komme ich zu einem Thema, das mein Leben einfach angenehm und leicht macht: **Träumen und Wünschen erlaubt!**

Ja, Wünsche werden wahr. Das ist kein Märchen, sondern eine Tatsache. Wünsche realisieren sich jeden Tag, jede Stunde, jede Minute. Wir wünschen uns ständig etwas, bewusst oder unbewusst. Manchmal wollen wir unsere erfüllten Wünsche, manchmal lieber nicht. Die Frage ist doch: Was wünschen wir uns?

Ich für meinen Teil wünsche mir bereits ein Leben lang, Dinge oder Situationen erfolgreich zu meistern. Am besten hat das bei mir in der Kindheit geklappt. Ich hatte einfach fest daran geglaubt, dass ich die Dinge bekomme, die ich mir gewünscht hatte. Und im Grunde ist genau das auch das große Geheimnis, das alle wissen wollen.

In der Jugendzeit und mit dem Erwachsenwerden ebbte es etwas ab. Tja, wird einem nicht immer wieder vom Umfeld eingebläut, dass das alles nicht

so leicht geht, wenn man etwas haben oder erreichen will? Dass man fleißig sein muss, um etwas zu erreichen und nur durch harte, schwere Arbeit sich ein stattliches Gehalt einstellen wird?
Ja, solche Glaubenssätze gibt es viele, dennoch: Ich habe unbewusst kräftig weiter gewünscht und es hat dann auch meistens gut geklappt.

Einige meiner Wünsche und Ziele waren: eine glückliche Partnerschaft, ein Haus, Kinder, bestimmte Arbeitsstellen, Autos und viele kleine Dinge. Ja, irgendwie ging es immer, ich habe nie groß darüber nachgedacht, warum es so ist; ich habe es einfach haben wollen, mir vorgestellt, wie es damit sein wird und in der Vorfreude darauf einfach abgewartet.

Ok, zugegeben, es gab aber auch eine Zeit, da klappte irgendwie gar nichts mehr. In der besagten Zeit lief so einiges schief; der Job machte keinen Spaß mehr, das Auto blieb ständig stehen und all das, was ich noch so Negatives dachte oder befürchtete, traf ein.

Achtung! Hast du es eben gelesen?

„... all das, was ich noch **so Negatives dachte oder befürchtete**, *traf ein."*

Hier in diesem Satz ist einer der wichtigsten Schlüssel verborgen!

Es gibt einige Tricks und Tipps, die du unbedingt beachten solltest, sonst ... schwupps, schon realisieren sich alle Gedanken, die du hast. Insbesondere die Gedanken, die mit einer starken Emotion verbunden sind. Es sind nicht viele, aber sie sind mächtig:

Vorfreude, Liebe, Dankbarkeit, aber auch Angst, Traurigkeit und Wut.

Heute werde ich damit beginnen, dir die Schlüssel zum erfolgreichen Kreieren/Wünschen zu verraten.

Wenn Du mit dem bewussten Kreieren/Wünschen beginnst, dann teste doch am Anfang erstmal kleine Dinge, die dir nicht so wichtig sind, bei denen es jedoch nett wäre, wenn sie klappen würden.

Warum das? Gehen denn die großen Ziele, Wünsche und Kreationen nicht? Doch, doch, aber wenn du mit Kleinigkeiten startest, nimmst du den

Druck heraus und beruhigst den Verstand, der dir einreden möchte, dass so etwas sicher nicht funktioniert.

Wenn die ersten Kreationen dann geklappt haben, sagt der Verstand zwar meistens noch „Ach, das hat geklappt? Na, das war sicherlich Zufall, das muss ich nicht ernst nehmen." Doch nach einigen Wiederholungen wird der Verstand es als funktionierendes System aufnehmen. Der Parkplatz-Wunsch ist so ein kleinerer Wunsch. Ich persönlich bekomme seit Jahren immer einen Parkplatz, und zwar dort, wo ich ihn erwarte. Anfangs hat mein Mann das gar nicht verstehen können, inzwischen ist er selber so perfekt darin, dass ich oft darüber staune. Und hier zeigt es sich wieder: Sein Verstand wollte es nicht einfach so glauben, dass ich i m m e r einen Parkplatz bekomme. Doch nach den weiteren Erfolgen wurde der Parkplatz-Wunsch zur natürlichsten Sache der Welt. Und, bist du nun bereit, es auch zu testen? Sage dir, bevor du am Ziel ankommst:

„Ich habe einen perfekten Parkplatz an der Sowieso-Straße. Universum, mach mir bitte schon mal einen Platz frei!" Glaube fest daran, sei dir dessen bewusst, dass es so sein wird. Nur dein Verstand wird vielleicht zweifeln, du selber aber nicht.

Du wirst sehen, du wirst diesen Parkplatz erhalten. Probiere es mal aus, du hast nichts zu verlieren.

Platz für deine Wünsche, Ziele und Kreationen - schreibe sie einfach hier auf:

_____

_____

_____

_____

_____

_____

_____

_____

Einen Moment bitte ...

Sonniger Tag ...

Was mich gerade einfach freut ist, dass gestern ein wunderbar sonniger Tag war. Ich war mit meiner Familie unterwegs und es war so wunderschön. Gerade so wie gewünscht. Ja, und da setze ich doch auch gleich wieder an.

Worauf sollten wir beim Wünschen und Kreieren achten? Zum einen auf die richtige Wortwahl:
Sehr wichtig ist es, dass du in der Gegenwart wünschst, so als hättest du es bereits. Warum? Schiebe die Dinge nicht vor dir her, indem du ein „morgen" einfügst.

Wir möchten aber den Zustand des „HABENS", deshalb ist es wichtig, so zu formulieren, dass wir diesen Wunsch auch so aussenden, sonst wandert der Wunsch immer weiter in die Zukunft.

Hier ein paar Beispiele: „Ich bin reich.", „Ich besitze dieses Haus.", „Ich lebe in einer wundervollen Partnerschaft.". Das strahlt Wohlstand aus, ganz anders als die folgenden: „Ich möchte, ich brauche, ich benötige". Das strahlt MANGEL aus, den wir dann auch behalten/erhalten.

In dieser überarbeiteten Auflage möchte ich noch kurz Affirmationen und offene Fragen hinzufügen, wie:
Warum bin ich reich? Warum lebe ich in einem wundervollen Haus?
Oder: Wie wird es noch besser als das?

Weitere Informationen und freigeschaltete Webinare findest du dazu auf meinem YouTube-Kanal.

Du kannst ganz beruhigt sein, der ideale Job, Partner und auch alles andere ist bereits irgendwo vorhanden. Ihn gibt es schon, er muss nur noch zu dir finden.
Wenn du es dir erlaubst und nicht zwischen deinen Ohren die großen Begrenzungen und den Unglauben auffährst! Also ist es wichtig, dass du die Gedanken und damit die Energie ausstrahlst, sodass das Gewünschte sie quasi auffangen kann. Ähnlich wie bei einem Radio: hier strahlt der Sender auf einer bestimmten Frequenz aus. Stellen wir das Radio auf eine bestimmte Frequenz, empfangen wir die gewünschte Radiosendung.

Heute läuft das ja nun alles digital, aber es gab mal Zeiten, da funktionierten Radio und Fernseher noch so :)

Was habe ich mir persönlich schon alles gewünscht? Ja, zum Beispiel schönes Wetter zum Ausflug. Du meinst, das war Zufall? Ich kann das verstehen …

Was gibt es noch? Ach ja, ein neues Auto: Das bekam ich vor kurzem dann sogar geschenkt *freu*. Dann waren da noch die Teilnahme an bestimmten Seminaren, die ich nach dem Kreieren als GAST kostenfrei besuchen durfte, und, und, und …

„Das Geheimnis besteht

im Gesetz der Anziehung."

„Alles, was Sie denken,

ziehen Sie an."

Lösungen

… brauchen wir sie nicht alle?

Es gibt so unzählig viele Situationen, in denen du vielleicht nicht so richtig weiter kommst, oder? Die Lösung scheint zum Greifen nahe, doch du zögerst, anstatt dich zu entscheiden. Warum? Vielleicht aus der Angst heraus, Fehler zu machen? Anstatt an der Lösung zu arbeiten, schaust du lieber auf die möglichen Probleme und Gefahren, statt auf das Gelingen und die große Freude?

Kennst du das auch, dass man die erstaunlichsten und lebhaftesten Gespräche und Diskussionen über Probleme führen kann (zumindest in der Vergangenheit)?

Wohin lenkst du dabei deine wertvolle Energie und Zeit?

Was ziehst du damit in dein Leben? Wie fühlst du dich nach so einem Gespräch?

Worauf du deine Aufmerksamkeit legst, das wird verstärkt. Was wäre, wenn du dich in Zukunft ausschließlich auf die Lösung fokussieren würdest? Ich glaube, du würdest erstaunliche Unterschiede erzielen, viel mehr positive Ergebnisse – und Herausforderungen, die sich dann fast von selbst lösen.

Hast du schon einmal überlegt, wie viel Zeit du am Tag für negative Menschen, Gedanken und Situationen aufwendest und wie viel Zeit du für den bewussten Lösungsansatz verbringst? Wie aufmerksam bist du für erfolgsbringende Impulse, die von außen kommen? Je weniger Zeit du für „Problem-Gedanken" aufbringst, umso glücklicher wirst du sein.

„Nimm deine Angst, wirf sie über Bord,
und deine Zweifel, jag´ sie einfach fort.
Frag niemals danach:
Wer trägt die Schuld?
Was du brauchst, ist Mut, Vertrauen und Geduld,
lass es geschehen,
finde den Sinn in einem Neubeginn."

Ulli Möhring
von der CD „Leben"

Think positive!

Denke positiv und nutze die positive Kraft und Energie für dich!

Warum?
Wer positiv denkt und dies durch seine Gefühle ausstrahlt, erhält es zurück.

Das ist das Gesetz der Anziehung.

Auch wenn du gerade denkst: „Nein, das bekomme ich gerade jetzt nicht hin!"

Hier kommt eine sehr erfolgreiche Übung, die dir dabei hilft, bereits in 3 Wochen wesentlich glücklicher zu sein:

Die „Wäre es nicht schön, wenn ... - Methode"

Nimm dir einen Zettel und einen Stift und fang an zu schreiben. Hier noch einige Beispiele, die dir helfen werden:

- Wäre es nicht schön, wenn jetzt ein großer Geldbetrag auf mein Konto eingewinge?
- Wäre es nicht schön, wenn ich jetzt in der Sonne am Strand läge?
- Wäre es nicht schön, wenn ich in dem Haus wohnen würde, das ich mir wünsche?
- Wäre es nicht schön, wenn ich in meinem Traumjob arbeiten würde?
- Und, und, und …

Schreib alles auf, was dir gefällt und verweile ruhig einige Zeit in den Gedanken. Fühle dich hinein wie es ist, wenn du das hast, was du erleben möchtest. Ist das ein gutes Gefühl? Schreibe so lange, bis du vor Freude über das ganze Gesicht grinst, und du wirst spüren - es macht Spaß und bereitet Freude. Schreibe 30 Tage oder länger immer wieder diese Sätze oder auch ganze Geschichten mit dem „Wäre es nicht schön, wenn…". Du wirst erstaunt sein, was nach ca. 3 Wochen alles passiert.

21 – 30 Tage, in denen du durchgehend in deine Zukunft investierst, nur durch dein Schreiben und die Vorstellungskraft.

Fange einfach an und schreibe jeden Tag; es wird zu deiner Gewohnheit, einer positiven Gewohnheit. Was hast du zu verlieren?

Erfolgreiche Menschen haben zahlreiche positive Gewohnheiten, du auch?

Ideen für neue Gewohnheiten:

_____

_____

_____

_____

_____

_____

_____

Egal, was du glaubst ...

„Egal, ob du glaubst,

du kannst eine Aufgabe schaffen oder nicht – du hast in jedem Fall recht."

Henry Ford

Angst, warum eigentlich?

„Angst haben wir alle. Der Unterschied liegt in der Frage: ‚Wovor?'"

Frank Thieß (1890-1977),
dt. Schriftsteller

Angst ist nichts anderes als ein angenommener Gräuel!

Wenn wir vor etwas Angst haben, sind wir der Meinung, dass wir dadurch etwas Negatives erfahren, richtig? Angst ist etwas, was uns hindert und uns manipuliert.

Ich habe z. B. jahrelang Angst vor Spinnen gehabt, warum? Ich habe mir vorgestellt, dass diese netten Tierchen sofort auf mich springen und mich beißen. Kennst du die Geschichte mit der Spinne in der Yoca-Palme?

Naja, ich habe das alles wohl sehr verinnerlicht und mir kamen viele Horrorszenarien in den Sinn, wenn ich nur die kleinste Spinne sah. „Angst ist ein angenommener Gräuel" - dieser Satz hat mir sehr geholfen. Ich habe mir überlegt, ob es denn wirklich so wäre. Stimmt es wirklich, was ich mir in meiner inneren Welt zurechtgelegt hatte? Ich kam zu dem Ergebnis: NEIN! Die Spinnen haben in Wirklichkeit mehr Angst vor mir, zumindest die kleineren Vertreter.

Und das mit dem Anspringen usw. stimmt ja nun auch nicht wirklich. Punktum, ich kann seitdem damit umgehen. Ich würde sie nicht als Haustiere aufnehmen, aber immerhin laufe ich nicht mehr vor ihnen weg.

Oftmals haben Menschen Angst, etwas zu verlieren, was ihnen viel bedeutet. Manche Menschen haben aber auch Angst, etwas zu verlieren, was sich noch gar nicht in ihrem Besitz befindet. Manche Menschen fürchten, dass ihnen ein anderer etwas „wegschnappt" oder vor der Nase wegkauft.
Aber warum? Wenn ich es doch noch gar nicht besitze? Was passiert mir denn, wenn ich es nicht bekomme? Nichts! Richtig, NICHTS! Mir persönlich zeigt es nur, dass diese Menschen mit

ihrer jetzigen Situation nicht zufrieden sind und etwas ändern möchten. Das ist an sich gut. Ist es auch gut, sich darüber zu grämen, wenn es nicht klappt? Von mir kommt da ein eindeutiges NEIN, denn es gibt mir die Möglichkeit, diese Situationen zu reflektieren.

Warum habe ich mir das gewünscht, warum habe ich es nicht erhalten, was wäre, wenn ich es erhalten hätte und wie schaut es aus, wenn es ohne gehen muss? Wie wichtig ist mir das Gewollte und wäre es wirklich mein Weg gewesen? Viele würden nun sagen: „Ja! Hätte ich das bekommen, würde es mir viel besser gehen!" Ist das wirklich so? Wäre alles zu 100% besser geworden? Bist du dir ganz sicher was das betrifft? Kannst du dir sicher sein, was gewesen wäre, wenn? Wäre es für dich ok, wenn du darüber einmal ganz genau nachdenken würdest?

Angst manipuliert. Wie sieht es denn z. B. mit Versicherungen aus? Würden wir eine Versicherung abschließen, wenn man uns sagen würde:
„Wissen Sie, es kommt nur bei 1 bis max. 2 % der Haushalte zu einem Wasserschaden, wollen Sie

sich trotzdem dagegen versichern?" OK, auch in diesem Fall würden viele Menschen aus ihrem Sicherheitsbedürfnis heraus eine Versicherung abschließen, aber warum? Sie nehmen also an, dass sie zu den 1-2 % der Bevölkerung gehören, die es sicher trifft, oder? Würde ich dir ein Lotterielos mit der gleichen Wahrscheinlichkeit anbieten, würdest du es kaufen?

Lass dich nicht manipulieren, sondern stelle dir eine ganz einfache Frage:
„Ist es wahr, was ich denke? Wirklich zu 100 % wahr? Oder ist es nur meine ANNAHME?"

Notizen:

_____

_____

_____

_____

_____

_____

Einen Moment bitte ...

Sichtweisen

Mal ist das Glas halbleer, mal ist es halbvoll. Wie ist es gerade in deinem Leben?

Ich ziehe aus jeder erdenklichen Situation etwas Positives. Nicht immer die einfachste Variante, doch je mehr ich daran arbeite, umso leichter fällt es mir und umso schöner und reicher gestaltet sich mein Leben.

Kennen wir nicht alle diesen Spruch: „Warum ist das ausgerechnet mir passiert? Das ist eine Katastrophe!" OK, es ist so manches schlimm, doch es hätte sicherlich noch schlimmer kommen können, oder?

Nehmen wir mal ein fatales Beispiel: Dein Haus oder deine Wohnung brennt ab. Schock! Ja, das ist wirklich schlimm, schlimmer aber wäre es doch, wenn jemand dabei verletzt worden wäre.

So besteht nun die Möglichkeit, alles wieder aufzubauen und neu anzufangen. Und wenn gerade niemand im Haus war, als es passierte - was für ein Glück!

Siehst du, das verstehe ich unter Sichtweisen. Ändere deinen Blickwinkel, schaue dir die Dinge, Situationen und Umstände aus einer anderen Richtung an, eventuell aus genau der gegensätzlichen. Das mag dir ungewohnt erscheinen, aber probiere es dennoch aus! Mache aus etwas Negativem etwas Positives und du wirst erstaunt sein, was du alles Neues entdecken wirst.

Denke an das, was du erreichen möchtest; suche nach Lösungsmöglichkeiten! Das ist das, was dich und andere wirklich weiter bringt. Denn mal ehrlich, was bringt es, in die Vergangenheit zu schauen? OK, man sieht, was man eventuell hätte anders machen können, ABER hätte man es wirklich getan? Stell dir vor, es gäbe einen Zeitsprung zurück zu dem Moment, wo bereits warst und du würdest vor einer bestimmten Entscheidung erneut stehen. Würdest du wirklich eine andere Entscheidung treffen?

Vielleicht, doch ich denke eher nicht, denn die Zukunft kennst du ja noch nicht. Somit ist Geschehenes geschehen und lässt sich nicht mehr ändern, und genau deshalb sollte man es unterlassen, darüber zu reden und zu grübeln, was gewesen wäre, wenn. Punkt. Sieh es positiv: Lässt du Ereignisse los, insbesondere negative Ereignisse, hast du mehr Zeit für neue Ideen und Handlungsansätze. Nimm deine Erfahrungen aus der Vergangenheit mit und berücksichtige sie in zukünftigen Prozessen.

Das ist doch genial, oder nicht? Wir müssen Fehler nicht zweimal begehen, wenn wir unsere Erfahrungen berücksichtigen und sie mit anderen teilen. Wie heißt es so schön: Lerne von den Erfolgreichen, denn sie haben vielseitige Erfahrungen gemacht. Sie zeigen uns erfolgreiche Wege und helfen uns, weniger tief zu fallen als sie selber. Mir persönlich reicht es, ins Straucheln zu kommen, das Fallen übergehe ich lieber …

„Und wo lerne ich solche Dinge und von wem?"

Ich lernen im Alltag, ich lese Bücher, höre Hörbücher, schaue Webinare, gehe zu Seminaren und, und, und. Es gibt zahlreiche Möglichkeiten zu lernen und Wissen aufzusaugen.

Napoleon Hill schrieb:

„Bildung besteht aus der Fähigkeit,

das zu bekommen,

was man gerade benötigt,

um seine gewählte Lebensaufgabe

erfolgreich erfüllen zu können."

Dankbarkeit

Ist es wirklich so, dass du für alles, was geschieht, dankbar sein solltest?

Für schöne Dinge und Situationen fällt es dir sicher leicht, dankbar zu sein. Wie schön sind die Momente, in denen du dein Herz vor Freude „hüpfen" spürst.

Was ist aber mit den Dingen, die dich umwerfen, dich trauern lassen? Warum solltest DU dafür dankbar sein? Du willst diese Augenblicke doch gar nicht und würdest sie am liebsten meiden. Du kannst dich jedoch nicht davor verstecken, es geht einfach nicht. Manchmal verlierst du etwas, das dir so wichtig ist, dass es dir das Herz zerreißt, wenn du nur daran denkst.

Warum dann dankbar sein?

Dankbar, weil du dir dann bewusst wirst, dass es dir wichtig war und ist. Die Zeit, die du mit dieser Sache oder diesem Menschen verbracht hast, war wertvoll, sehr wertvoll, und die Erinnerungen daran sind es immer noch und werden es immer bleiben. Erinnerungen, Ereignisse und die inneren Bilder dazu, die dir niemand nehmen kann. Das alles ergibt dann einen Sinn. Dafür kannst du dann dankbar sein, von ganzem Herzen.

Dankbar sein für die Erinnerungen, die aufsteigen, die Bilder, die einem wieder ins Gedächtnis treten. Vergessen sind die Zeiten, die mal weniger schön waren.

Eine Abfolge von Situationen, Ereignissen, dass sich ein Glücksweg bilden kann, ein Glücksweg, der nur durch diese Person oder Sache zustande gekommen ist. Selbst wenn es nur EIN AUGENBLICK war - dafür hat es sich gelohnt, zu leben und dankbar zu sein.

Augenblick, das heißt für mich Zeit.

Nimm dir Zeit

Nimm dir Zeit, um zu arbeiten; es ist der Preis des Erfolges.

Nimm dir Zeit, um nachzudenken; es ist die Quelle der Kraft.

Nimm dir Zeit, um zu spielen; es ist das Geheimnis der Jugend.

Nimm dir Zeit, um zu lesen; es ist die Grundlage des Wissens.

Nimm dir Zeit, um freundlich zu sein; es ist das Tor zum Glücklichsein.

Nimm dir Zeit, um zu lieben; es ist die wahre Lebensfreude.

Nimm dir Zeit, um froh zu sein; es ist die Musik der Seele.

Aus Irland

Um einen fröhlichen Gedanken anzuhängen, zähle ich mal schnell ein paar Dinge auf, für die ich gerade heute und die letzten Tage dankbar war und bin:

Ich bin dankbar dafür, dass ich heute eine tolle Mastermind-Gruppe miterleben durfte.

Ich bin dankbar dafür, dass meine Familie und ich glücklich und zufrieden miteinander leben.

Ich bin dankbar dafür, dass sich das QUANTUM-WORK-Coaching jeden Tag weiterentwickelt und so positiven Zuspruch erhält.

Ich bin dankbar dafür, dass ich dieses Buch nun schreibe, und für vieles mehr!

Überlege dir einmal, wofür du alles dankbar sein kannst, schreibe es gleich auf und lies es alles noch mal durch. Du wirst merken, wie ein Lächeln in deinem Gesicht entsteht, wie du dich beim Lesen aufrichtest und wie von Zauberhand alles etwas sonniger aussieht.

Hier ist nun Platz für deine Notizen:

Einen Moment bitte ...

Vertrauen

In den letzten Tagen und Wochen bin ich häufig über dieses Wort „gestolpert"; naja, sagen wir lieber „darauf aufmerksam geworden"? Nein, irgendwie trifft es das noch nicht genau …

„Frau Hofmann, was wollen Sie uns damit sagen?"

Ja, was will ich sagen. Ich denke, ich möchte an dieser Stelle mal ganz allgemein über das Wort **Vertrauen** und die tiefere Bedeutung von Vertrauen schreiben.

Was bedeutet Vertrauen für mich?

Vertrauen bedeutet für mich, dass ich mich in einem Zustand von Freiheit befinde. Frei von Ängsten, frei von negativen Ahnungen und frei von negativen Gedanken.

Kleine Kinder sind noch voller Vertrauen, sie haben kaum negative Erfahrungen gemacht und glauben an das Gute in sich und in anderen. „Wie leichtgläubig ist das denn?" Ich höre die Aufschreie schon. Ja, sicher ist das leichtgläubig und meiner Meinung nach das Gesündeste, was es gibt. Dass es

Menschen gibt, die das ausnutzten, steht dabei auf einem ganz anderen Blatt geschrieben.

Was wäre, wenn? OK, ich glaube, damit würde ich zu weit gehen …

Machen wir einen Abstecher zum „Gesetz der Resonanz" oder „Law of Attraction":

Hier geht man davon aus, dass du das anziehst, was du ausstrahlst. Strahle ich einen Mangel aus, zum Beispiel „Ich bin arm, ich habe zu wenig Geld", dann wird sich das für mich manifestieren.
Erinnere dich an den Spruch: „Das Geld fließt zu denen, die bereits genug davon haben". Tja, warum bewahrheitet sich dieser Spruch? Weil genau diese Menschen es auch so ausstrahlen, sie haben das **Vertrauen und die Gewissheit** für sich selbst, dass es so ist und auch so bleiben wird.

Das ist ein weiterer wichtiger **Schlüssel**: Vertrauen bedeutet, dass man sich im Klaren darüber ist, dass alles so kommen wird, wie man es für sich persönlich auch haben möchte. Das heißt aber auch, dass du den Weg, das WIE, die Art und Weise nicht kennen musst. Im Idealfall lässt du es einfach geschehen und wirst automatisch das Richtige dafür tun; dein Unterbewusstsein lenkt dich.

Oh, ich höre schon den nächsten Einwand: „Mir ist schon so viel Übles widerfahren, ich habe nie vorher daran gedacht, was mir da alles Negatives passiert ist!"

Richtig, auch das kann geschehen. Zum einen gibt es Dinge, die durch Resonanzen anderer Personen beeinflusst werden, zum anderen bedarf es zeitweise auch eines unsanften Weges, um dort hinzugelangen, wo man hin möchte. Oft sind es Frequenzen, die wir unbewusst ausstrahlen, wie z. B. „Hoffentlich passiert nichts. Ich habe Angst, dass es zerbricht. Ich muss auf alles gut aufpassen, sonst verliere ich es." Was strahlst du in diesen Beispielen aus?

Auch ich erlebe immer wieder Situationen, in denen ich zweifle und frage: „Warum habe ich das nun wieder angezogen, was soll das denn bloß? Hätte das nicht anders laufen können? Da hätte ich viel Geld gespart …"

Kurz danach frage ich mich: „Was ist Gutes darin, das ich jetzt noch nicht verstehe?"

Jede Krise ist die Chance für eine Änderung. Hätte ich so einige Krisen nicht erlebt, wäre ich noch da, wo ich mich weniger wohl gefühlt habe. Alles, was uns widerfährt, hat einen tieferen Sinn. Es ist nicht immer angenehm, solche Situationen zu erleben, aber bringen sie uns wirklich um? Nein, sie stärken uns, bringen uns weiter und machen uns besser, jedes Mal!

„Sie erschaffen mit der Zeit Ihr eigenes Universum."

Churchill

Lächeln

„Eines Tages stritten der Wind und die Sonne miteinander, wer von beiden mehr Macht über die Menschen ausüben könne. „Siehst du diesen Mann da unten?" fragte der Wind: „Ich werde ihm binnen einer Minute Hut und Mantel entreißen." Der Wind legte also kräftig los. Aber je heftiger er pfiff, desto fester drückte der Mann mit der Hand seinen Hut auf den Kopf und knöpfte mit der anderen rasch seinen Mantel zu. Da gab der Wind schließlich auf. Dann war die Sonne an der Reihe. Sie begann freundlich zu lächeln und zu strahlen. Und es wurde im gleichen Moment so schön warm, dass der Passant von sich aus bald Hut und Mantel auszog."

- unbekannt -

Dieses Zitat sagt so viel aus, dass man fast nichts mehr zu ergänzen braucht.

Probiere doch einfach Folgendes am heutigen Tage aus:

Lächle dich morgens im Spiegel an, ein-, zwei-, dreimal.

Lächle, wenn du telefonierst.

Lächle, wenn dir jemand die Vorfahrt nimmt.

Lächle, wenn dir jemand quer kommt.

Lächle, wenn die Ampel auf Rot springt.

Lächle, wenn dir eigentlich gar nicht danach ist.

Lächle, wenn du am liebsten aus der Haut fahren würdest.

Lächle einfach mal den ganzen Tag und beobachte, was passiert.

Das ist heute vielleicht eine große Herausforderung für dich - bist du bereit dafür? Was hast du zu verlieren? Was hast du dadurch zu gewinnen? Probiere es einfach aus!

Anerkennung zeigen ...

„Durch Anerkennung und Aufmunterung kann man in einem Menschen die besten Kräfte mobilisieren."

Charles M. Schwab (1862-1939),
amerik. Stahlindustrieller

Gib anderen Menschen Energie, indem du Anerkennung und Dankbarkeit - wenn auch nur für eine Kleinigkeit - zeigst oder jemandem ein Kompliment machst, auch wenn du dazu gar nicht in der Laune bist; du selber wirst davon profitieren. Sei gespannt auf die Resultate, die sich ergeben werden. Es kann dir selber helfen, deine eigene Laune zu verbessern und in eine positive Richtung zu lenken. Deine Ausstrahlung verstärkt sich und zieht mehr Positives in dein Leben.

Vor langer Zeit habe ich ein Interview gesehen, in dem eine erfolgreiche Persönlichkeit sagte: **"Egal, wen du triffst und egal, worum es geht,**

gehe so aus dem Gespräch heraus, dass der andere sich gut fühlt."

Ein Satz, der mich nachhaltig beeindruckt, denn in ihm liegt so viel Wertvolles und es ist im Grunde sehr einfach umzusetzen.

Je öfter du das machst und dir dieses Verhalten antrainierst, umso leichter und selbstverständlicher wird es dir fallen.

Fange heute damit an! Bringe den Stein der Anerkennung ins Rollen und verschenke ein wenig „gutes Gefühl".

Wem kann ich alles dankbar sein:

_____

_____

_____

_____

_____

Einen Moment bitte …

Zeit!

„Zeit ist nur dadurch, dass etwas geschieht, und nur dort, wo etwas geschieht."

Ernst Bloch

„Es ist Zeit, dass sich was dreht …"

Ich habe das Gefühl, dass das nun täglich so ist. In meinem Leben ändert sich täglich etwas und ab und an frage ich mich, was denn die wirkliche Ursache dafür ist.

Ist es einfach der Lauf der Zeit, ist es das „andere Denken und bewusstere Fühlen", das mich schneller zu meinen Zielen hinführt und so vieles einfach passieren lässt?
Egal, mir geht es dabei gut und das ist für mich wichtig. Das, was ich mache, macht mir Spaß, und so sollte es im Leben doch sein, oder?

Heute, im Jahre 2017, bin ich mir zu 100% sicher, dass es daran liegt. Mehr dazu in meinem zweiten Buch:

„Geheimcode Erfolgsspirale - Endlich das Geheimnis des Erfolges verstehen".

Kennst du das auch, dass die Zeit unheimlich schnell vergeht, wenn es einfach „gut" läuft? Dann möchtest du die Zeit intensiver genießen, vielleicht sogar anhalten, doch du bist so im Flow, dass du dich kaum stoppen kannst, und das ist auch gut so.

Was hältst du davon, einfach mal einen ganzen Tag nur das zu machen, was dir wirklich Spaß macht?

Viel Freude dabei!

Das wollte ich schon lange mal wieder machen:

_____

_____

_____

_____

_____

Das Taschenbuch für den täglichen *KICK*

Einzigartigkeit

Jeder Grashalm und jede Schneeflocke ist jeweils nur ein kleines bisschen anders - zwei, die sich völlig gleichen, gibt es nicht.

Vom Kleinsten, wie dem Sandkorn, bis zum Allergrößten, z. B. einem Stern, wurde alles mit dem einen Ziel erschaffen: Genau das zu sein, was es ist!

Wie dumm erscheint es dann, etwas nachzuahmen – wie sinnlos, etwas vorzutäuschen! Da jeder von uns von einem GEISTE erschaffen wurde, dessen Einfälle niemals enden.

Es wird immer nur ein ICH geben, um mein Können unter Beweis zu stellen – und auch du solltest stolz sein auf DICH, denn auch DU bist einzigartig.

Und damit fängt alles an: bei dir, einem wundervollen, unbegrenzten, menschlichen Geschöpf.

James T. Moore

Was ist an dir einzigartig?

Dein Glück ist deine innere Haltung

Verschiedene Menschen wurden nach Ihrem Glücksgefühl befragt. Bei dieser Studie stellte sich Folgendes heraus:

Unglücklich

waren oft die Menschen, die äußerlich sehr reich und erfolgreich waren, aber sich meist geizig, engstirnig, zornig oder verschlossen gaben und sich als etwas Besseres fühlten.

Glücklich

waren hingegen Menschen, die sich hilfsbereit, gütig und voller Mitgefühl gaben und gerne für andere Menschen da waren.

Unglücklicher

waren Menschen, die selbstbezogen waren, sich von anderen abgrenzten und in jedem Konkurrenten oder Feinde sahen.

Glücklicher

waren Menschen, die unabhängig vom Status, ihres Wohlstandes und ihrer sozialen Position lebten. Sie waren lebensbejahend, flexibel, kreativ und aufgeschlossen für Neues und andere Menschen.

Man könnte nun meinen, dass die Gruppe der glücklichen und unglücklichen Menschen unterschiedliche Lebenssituationen oder Schicksalsschläge hatten - dem war nicht so!

Glück ist auch, sein Leben selbst in die Hand zu nehmen.

Fange einfach damit an und mache dein Ding!

Loslassen

Menschen kommen und gehen. Auch in deinem Leben. Dies ist der Lauf der Dinge. Wenn du lernst, loszulassen und weiterzugehen, wirst DU viel Neues in deinem Leben zulassen.

„Ich denke an einen besonderen Menschen, mit dem ich einen Teil meines Weges zusammen gehen durfte. Danke dafür!"

Loslassen heißt nicht vergessen, es heißt nur, Belastendes aus der Vergangenheit loszulassen und Platz für Zuversicht, Freude und Neues zu erhalten.

Wann hast du …

… einen ganzen Tag lang dich und andere Menschen zum Lächeln gebracht?

Wann hast du das letzte Mal einem anderen Menschen in einer Warteschlange den Vortritt gelassen?

Wann einer Person beim Einparken geholfen oder deinem Partner/Freund/Kind eine kleine Aufmerksamkeit mitgebracht?

Wann hast du das letzte Mal jemandem einen netten Brief geschrieben, ja, einen richtigen Brief?

Oder dich telefonisch bei einem alten Freund gemeldet?

Nimm dir einen ganzen Tag in der kommenden Woche vor, an dem du all das machst; alles, woran du dich selber auch erfreuen würdest.

Schenke dir für einen Tag diese wunderbare Erfahrung, dich und andere glücklich zu machen.

Warum kann das so wichtig für dich sein?

Weil nur ein einziger Tag, den man so in seinem Leben verbringt, alles ändern kann.

Nichts könnte ich hier schreiben, das es wirklich erklärt. Gefühle lassen sich kaum in Worte fassen, aber das Erlebnis, abends im Bett zu liegen und sich einfach wunderbar zu fühlen, und zu denken:

„Das war wirklich ein wundervoller Tag!" - Genau das ist es, wofür es sich zu leben lohnt.

Glück ist ebenso ansteckend wie Lachen, Trauer und Wut. Wenn du anderen Menschen zum Lächeln verhilfst, ihnen ein positives Gefühl schenkst, steckt das einfach an.

Aufgeschoben...

Man soll nie etwas Gutes, sei es noch so klein, aufschieben, in der Hoffnung, in der Zukunft Größeres tun zu können.

Ignatius von Loyola,
Dichter

Erledige die wichtigen Dinge möglichst schnell und vermeide es, Dinge vor dir herzuschieben. Wenn wir ständig Aufgaben oder Pflichten verschieben, hinterlässt das in unserem Unterbewusstsein Spuren. Wir entwickeln Gefühle von Versagen oder sogar Schuld, da wir etwas NICHT gemacht haben. Unterteile deine Aufgaben in kleine Einheiten, schreibe abends für den folgenden Tag Handlungslisten mit maximal sechs To-dos, die du am besten gleich am Morgen erledigst, das Schlimmste zuerst. Brain Tracy nennt das: „Eat the frog first" Schlucke die ekligste Kröte zuerst, dann geht der Rest viel einfacher. Ich kann dir sagen, diese Vorgehensweise klappt sehr, sehr gut!

TIPP: Schalte Störfaktoren nach Möglichkeit aus; Telefon, E-Mail, Facebook, Skype etc.

Sobald du diese Aufgaben erledigt hast und alle Punkte auf der Liste durchgestrichen sind, wirst du ein großartiges Gefühl erleben. Du hast etwas erreicht und geschafft, BRAVO!

Und das weitere Wundervolle dabei: Deine Berge von unerledigter Dinge werden nach und nach kleiner.

Mache es dir zur Gewohnheit, Tag für Tag. Gönne dir eine Belohnung, wenn du eine ungeliebte Aufgabe endlich erledigt hast - du hast es dir verdient.

Folgendes werde ich als Nächstes erledigen:

_____

_____

_____

_____

_____

_____

_____

_____

Das Taschenbuch für den täglichen *KICK*

Glücksmomente

Wie so oft möchte ich mal wieder an meine Glücksmomente denken und natürlich dazu auffordern, dass du es mir gleichtust.

Was waren die Glücksmomente in deinem Leben, wann waren sie und mit wem waren sie? Du überlegst noch? Das ist ok, nicht alles, was du erlebt hast, liegt im Unterbewussten ganz oben; manches ist überdeckt und braucht eine Weile, bis es gefunden wird.

Ich habe meine Glücksmomente relativ schnell im Sinn - wie kommt das?

Ich habe mir angewöhnt, eine Art Tagebuch zu führen. Schon seit Jahren mache ich das und dort kommt alles hinein, was positiv ist: Erlebnisse, Träume und Wünsche. Ab und an sammle ich meine Glücksmomente und schreibe sie auf ein Blatt in diesem Tagebuch; so hole ich sie ganz dicht in meine Erinnerung und habe sie schnell greifbar.

Es gibt Ereignisse, die ich mir in den Sinn hole, wenn ich ganz schnell einen positiven Impuls benötige. Einer dieser Glücksmomente war ein Kenia-Urlaub. Wer einmal in Afrika war und vielleicht auch eine Safari erlebt hat, wird es nachempfinden können.

Oder der Moment, in dem ich Sir Richard Branson persönlich traf und ihm die Hand schütteln durfte. Es gibt Momente im Leben, die kann einem niemand mehr nehmen, die schenken einem immer wieder Kraft und Energie.

Welche Glücksmomente hattest du im Leben? Gönne dir eine kleine Auszeit und versinke in den Momenten, die das Leben lebenswert machen - es sind mehr als du denkst. Fange einfach mal an zu schreiben; es können Augenblicke sein oder auch Wochen.

Deine Glücksmomente:

_____

_____

_____

_____

_____

_____

_____

Das Taschenbuch für den täglichen *KICK*

Da ich eben an Afrika dachte, möchte ich hier zwei Bücher empfehlen: „Safari des Lebens" und „The Big Five for Life" von John Strelecky. Die Bücher erinnern an die eigenen Glücksmomente und an das, was wir im Leben erreichen möchten.

Gönne dir dieses Wochenende „glückliche Momente" und tu einfach das, was du schon lange nicht mehr getan hast; Musik hören, Tanzen gehen, Fotoalben anschauen ...

Mach das, was dir Zufriedenheit und ein Lächeln auf deinen Lippen schenkt. Tanke Energie für die folgende Woche, du bist es wert!

Toleranz

Wie kommt es, dass wir die Fehler bei anderen so schnell entdecken und bei uns selber so leicht übersehen?

Wieso ist es so einfach, bei Freunden, Verwandten und Arbeitskollegen zu kritisieren, doch so schwer, bei sich selbst die Fehler und Irrtümer einzugestehen?

Wie oft hast du dich im Spiegel angesehen und zu dir selber gesagt: „Das, was du da heute gemacht hast, war nicht in Ordnung."

Hast du das überhaupt schon irgendwann einmal gemacht? OK, ich schätze, es gibt einige Menschen, die es zumindest im Selbstgespräch schon geschafft haben.

Erst, wenn wir es schaffen zu erkennen, dass wir alle nur Menschen mit Fehlern und kleinen Mängeln sind, werden wir die wunderbare Gabe der **TOLERANZ** entwickeln. Toleranz befähigt uns dazu, andere zu akzeptieren - und auch uns selbst. Denn so, wie du bist, bist du ok!

Wahrlich, es nicht leicht, immer nur das Gute in einem Menschen zu sehen; so mancher macht es dir vielleicht besonders schwer. Doch wenn du es schaffst, selber zu einem Menschen zu werden, der andere lobt und nicht immer nur die Makel aufzeigt, wirst du genau zu dem Menschen werden, den sich jeder von uns als Freund wünscht.

Einen Moment bitte …

Notizen:

Achte auf deine Gedanken

Achte auf deine Gedanken, denn sie werden deine Worte.

Achte auf deine Worte, denn sie werden deine Handlungen.

Achte auf deine Handlungen, denn sie werden deine Gewohnheiten.

Achte auf deine Gewohnheiten, denn sie werden dein Charakter.

Achte auf deinen Charakter, denn er wird dein Schicksal.

aus dem Talmut

Ist es nicht erstaunlich, wie einfach alles funktioniert, wenn man im sogenannten „Flow" ist?

Wenn man verliebt ist, dann scheint die Welt im rosafarbenen Licht und nichts kann einen erschüttern; alles ist schön und man kann über alles lachen und fröhlich sein. Selbst ein Regentag hat da so seine angenehmen Seiten.

Dieser Zustand bewirkt, dass man hauptsächlich positive Gedanken ausstreut und einem fast nur Gutes passiert, kennst du das auch?

Aber was ist an diesen Tagen und Wochen, wo nichts gelingen mag? Schon mal darüber nachgedacht, was du da so unbewusst und auch bewusst denkst?

Findest du mehr positive oder negative Gedanken und Geschichten in deinem Kopf?

Gerätst du in Negativstrudel deiner Gedankenwelt, dann fällst du auch leichter wieder in alte, negative Gewohnheiten zurück. Dann kann es schon passieren, dass der Alltag dich leitet und nicht du das Ruder in der Hand hältst. Aber was kannst du nun dagegen tun?

Dir wieder Zeit für dich selber nehmen!

Ja, ja, ja, ich hör es schon: „Zeit für mich? Die habe ich nicht!"

Doch, ich sage dir, du kannst es dir gar nicht leisten, keine Zeit für dich zu haben!

Du bist der wichtigste Mensch, mit dem du zusammenlebst! Nichts ist wichtiger, als sich zuerst mal Zeit für sich zu nehmen.

Fange einfach an und nimm dir jeden Tag wieder Zeit, eventuell mithilfe eines kurzen Filmes, eventuell mit einer Entspannungs-CD oder gehe walken oder schwimmen. Mache es dir zur Gewohnheit, 10-30 Minuten am Tag Zeit **für dich** zu haben. Mache das JETZT 21-30 Tage täglich und du wirst spüren, dass du darauf nicht mehr verzichten möchtest.

Probiere es aus, ich bin dabei!

Gewohnheiten haben wir alle, positive wie negative. Das Gute daran? Die einen kann man verstärken und die anderen kann man ändern.

Sechs Schlüssel zum Erfolg

1. DENKE GROß!
2. Glaube an dich selbst!
3. Teile deine Vision mit deinen Vertrauten!
4. Handle und bewege deinen Hintern von der Couch!
5. Fokussiere dich auf EINE Sache zur Zeit und mache nicht mehrere Dinge gleichzeitig!
6. Gib niemals, niemals auf!

Alle aufgeführten Punkte sind absolut und komplett in unserer Kontrolle!

Bill Bartmann

Vertrauen

Unter **Vertrauen** wird die Annahme verstanden, dass Entwicklungen einen positiven oder erwarteten Verlauf nehmen.

Hans Rudolf Jost

Ich möchte mich hier auf eine wahre Begebenheit aus meinem Leben beziehen:

Ich hatte die Nachricht erhalten, dass ein mir nahestehender Mensch einen Unfall hatte und in der Klinik liegt.

Es war schon seltsam, ein paar Jahren zuvor wäre ich unter Garantie nervös und hektisch gewesen, hätte mir einige Horrorszenarien im Kopf ausgemalt und mir vorgestellt, was so alles im schlimmsten Falle passieren könnte.

Doch das Gegenteil geschah. Ich wurde extrem ruhig, gaaaaaaanz ruhig.

Ich wusste, es würde alles wieder gut werden und konzentrierte mich auf eine Fernbehandlung für denjenigen. Somit unterstützte ich diesen lieben Menschen, der es grade dringend brauchte. Mit guter Energie, angefüllt mit Liebe und Zuversicht, anstatt dem Gegenteil.

Innerhalb einer knappen Stunde wurde uns telefonisch mitgeteilt, dass alles soweit ok sei, noch nicht zu 100 %, aber immerhin nichts Dramatisches. Die Bestätigung auf das, was ich vorab fühlte. Ist das nicht wundervoll? Hast du das auch schon mal erlebt?

Ich bin dankbar und froh, dass ich diese Situation so erleben durfte, ohne Angst, Furcht und Zweifel. Einfach im Glauben zu leben, dass auch unverhoffte, schlimme Situationen ein gutes Ende nehmen. Wer weiß, wozu das gut war? Vielleicht, um mit kommenden Situationen ebenfalls so klar und ruhig umzugehen. Es wird einen Grund haben …

Noch eine schöne, kleine Geschichte zum Thema Vertrauen: Eine Tochter kam begleitet von ihrer Mutter in meine Praxis; die Mutter hatte von mir gehört und hoffte darauf, dass ich das Problem ihrer Tochter lösen könne. Was soll ich sagen, die Tochter schien weniger begeistert davon zu sein, sie wollte das irgendwie nicht und ich fragte sie nach einer kurzen Zeit, was ihr mehr Angst mache, ihr „Problem" oder ich.

Sie musste lachen und ich fragte sie, ob vielleicht eher ich Angst vor ihr haben sollte. Sie grinste über das ganze Gesicht und meinte dann. "Ok, na gut, dann fangen wir jetzt halt doch an, ich bin bereit …"

Auch eine Form von Vertrauen, oder? Ich fand es wundervoll, denn wenn das Kind zu mir kein Vertrauen gehabt hätte, hätten wir nicht so grandios miteinander ihre Blockaden lösen können.

Danke, dass ich diese Gedanken mit dir teilen darf. Danke, dass du mein Buch liest.

Ach ja, und da ich heute mal ein wenig aus meiner „Praxis" geplaudert habe, würde ich mich sehr freuen, wenn du einfach mal auf meiner Homepage vorbeischaust.

http://christinehofmann.com

Hindernisse

Ich bin dankbar für die **Hindernisse**, die sich mir in den Weg gestellt haben, denn durch sie habe ich **Toleranz, Mitgefühl, Selbstdisziplin, Beharrlichkeit** und eine Reihe anderer Tugenden entwickelt, die ich ohne diese Erfahrung nie gekannt hätte.

Napoleon Hill

Entscheidungen

Durch Entscheidungen bekommen deine Wünsche einen Willen und damit auch ein Ziel. Erst dann, wenn du eine Entscheidung getroffen hast, hast du ein für dich reales Ziel und fokussierst deine Absicht darauf. Solange du hin- und herüberlegst und zauderst, bleibst du im Irgendwo hängen.

Ein Beispiel dazu:

Wenn du in ein Segelboot steigst, hast du dir sicher vorher schon ein Ziel überlegt, nicht wahr? Überlege mal, was wäre, wenn es nicht so wäre? Dein Segelboot würde auf dem weiten See oder auch dem Meer umherfahren, ohne klaren Kurs.

Viele Menschen gehen so durch ihr Leben; sie haben keine wirklichen Ziele und somit auch keinen geraden Kurs. Sie lassen sich wie im Wind einfach hin- und herbewegen, sind nur noch am Reagieren, agieren aber nicht bewusst. Was würde dir besser gefallen?

Hast du ein Ziel?

Ein Ziel kann vieles sein, z. B. ein Tagesziel: „Bis heute Abend habe ich meinen Schreibtisch aufgeräumt." Hast du die Entscheidung dazu getroffen, wirst du es auch tun.

Wochenziele: „Diese Woche werde ich zweimal zum Sport gehen." Hast du die Entscheidung dazu getroffen, wird dich nichts davon abhalten.

Du kannst dir Monatsziele, Jahresziele usw. setzen - solange diese Ziele für dich realistisch sind und du die Entscheidung zur Umsetzung getroffen hast, wirst du es auch schaffen.

Auch ich setze mir Ziele und ich sage dir ehrlich: Je fester mein Vorsatz, je stärker mein Wille und der Glaube daran, desto realistischer ist die Umsetzung. Schaffe dir kleine Etappenziele - das motiviert und lässt dich auch bei einer „großen" Sache durchhalten.

„Wenn wir klare Ziele vor Augen haben, werden Hindernisse zu überwindbaren Hürden."

Also erstens: Entscheidung treffen und zweitens: ein klares, realistisches Ziel setzten.

„Wer sein Ziel nicht kennt, kann auch nicht dort ankommen."

Gemeinschaft

Ein paar interessante Zeilen, die ich gelesen habe und gerne mit dir teilen möchte:

Ein Mann hatte sieben Söhne, die ständig untereinander stritten. Eines Tages rief er sie zusammen und teilte ihnen mit, dass er ihnen vor Augen führen wolle, was sie mit diesem mangelnden Zusammenhalt anrichteten. Er hatte ein Bündel mit sieben sorgfältig zusammengebundenen Stöckchen vorbereitet. Ein Sohn nach dem anderen sollte nun versuchen, dieses Bündel zu zerbrechen. Jeder versuchte es – vergebens! Dann schnitt er die Schnur durch und gab jedem seiner Söhne ein Stöckchen, damit dieser es übers Knie breche. Nachdem alle Stöckchen gebrochen waren, sagte er: „Wenn ihr harmonisch zusammenarbeitet, seid ihr wie ein Bündel Stöckchen. Dann kann euch keiner bezwingen. Wenn ihr aber ständig streitet, kann euch jeder mit Leichtigkeit brechen".

Die Geschichte dieses Mannes und seiner sieben streitsüchtigen Söhne vermittelt eine wertvolle

Lektion. Diese Lektion gilt für jede Art von Gemeinschaft, für Arbeitgeber und Arbeitnehmer, für Staaten und Nationen.

Organisierter Krafteinsatz kann sehr mächtig sein. Diese Macht kann jedoch auch eine gefährliche sein, wenn sie nicht intelligent genutzt wird und zwar zu einem Erfolg, der auf Wahrheit und Gerechtigkeit beruht und letztendlich zum Glück führt.

Auszug aus dem Buch:
Erfolgsgesetze in 16
Lektionen von Napoleon Hill

Notizen:

Ziele

„Der Langsamste, der sein Ziel nicht aus den Augen verliert, geht immer noch geschwinder als jener, der ohne Ziel umherirrt."

Gotthold Ephraim Lessing (1729-81), dt. Dichter d. Aufklärung

Fünf Schritte zum Ziel:

1. Überlege dir, was du erreichen willst.
2. Schreibe deine Ziele möglichst genau auf.
3. Setze für deine Ziele feste Termine.
4. Notiere, was du machen musst, um deine Ziele zu erreichen.
5. Fange an zu handeln.

Tu jeden Tag etwas für deine Ziele. Bedenke dabei: Ziele können „kleine" Dinge sein, wie z. B. den Schreibtisch aufzuräumen. Ziele können aber auch etwas ganz Großes sein, wie z. B. eine neue berufliche Karriere.

Es liegt ganz allein an mir

Dann und wann,
wenn graue Wolken herannahen,
verliere ich den Mut,
bis mir das, was gestern passierte,
wieder in den Sinn kommt.
Ich meine nicht den gestrigen Tag
oder die Zeit vor ein paar Monaten,
sondern all das Gestern,
an dem ich wachsen durfte.
Ich erinnere mich an Gelegenheiten,
die ich einfach sterben ließ,
und an die, die ich ergriff,
bevor sie an mir vorüberziehen konnten.
Und mir fällt ein,
dass die Vergangenheit mit Mühsal oft verbunden war,
die ich doch irgendwie ertrug.
So schien die Zukunft wieder gut.
Und ich sage mir dann:
Ich bin tüchtig und frei,
und mein Erfolg und mein Glück
liegen wirklich ganz allein an mir.

James J. Metcalfe

Diese vier Schritte entscheiden über Erfolg oder Misserfolg:

Es sind nur vier ganz einfache Schritte, die zur Ausdauer führen.

Das Beste daran? Man braucht dafür keine Ausbildung, keine besondere Begabung, nur etwas Zeit und Mühe.

- Du benötigst ein Ziel, das du von ganzem Herzen und mit einem brennendem Verlangen umsetzten willst.
- Einen Plan, den du unermüdlich umsetzt.
- Eine geistige Haltung, die es dir ermöglicht, dich negativen Einflüssen und entmutigenden Situationen zu verschließen – auch wenn sie von Freunden und Verwandten kommen.
- Einen Bund mit einem Freund oder Partner, der oder die dir tatkräftig und moralisch den Rücken stärkt.

Diese vier Schritte können zu Erfolg oder Misserfolg in allen Lebensbereichen führen.

Napoleon Hill beschreibt diese vier Schritte als Weg, unsere Zukunft selbst zu gestalten. Diese Schritte führen zur Freiheit und Unabhängigkeit und verhelfen uns zu Reichtum.

An welchem dieser vier Schritte mangelt es bei dir?

„Nobody is perfect"

Beim Lesen und Schreiben dieses Artikels ist mir sehr bewusst geworden, was bei mir persönlich ein Knackpunkt ist und ich werde mich in Zukunft mehr damit beschäftigen.

Notizen:

Das Gesetz der Ablehnung

Es ist eine belegte Tatsache, dass der Mensch seine Arbeitsergebnisse mindesten verzehnfachen kann, wenn er die Arbeit gefunden hat, die er am liebsten ausübt.

Jede Arbeit, die wir nur aus einer gezwungenen Handlung heraus machen, weil wir es aus der eigenen Sicht machen müssen (Geld verdienen, Termindruck, es macht kein anderer …), trifft sofort bei uns auf Widerstand.

Dabei greift das Gesetz der Ablehnung.

Das Ergebnis daraus ist ein müder Körper und Geist, Reibung und Erschöpfung (man kann das teilweise auch als Burnout-Syndrom bezeichnen).

Was kann man nun bei einem solchen Widerstand tun?

Man findet jemanden, der die Arbeit für einen übernimmt oder man beginnt, die Arbeit attraktiver zu gestalten. Verleihe deiner Arbeit, wann immer es geht, einen schöneren „Anstrich", zum Beispiel mit Musik. Gönne dir kleine

Belohnungen, wenn du ein bestimmtes Pensum geschafft hast.

Sicher, diese Empfehlungen kannst du eher einhalten, wenn du frei und ungebunden arbeiten kannst.

Bei Angestellten ist der Arbeitgeber gefragt, denn wenn ein Arbeitgeber das Arbeitsumfeld für seine Mitarbeiter attraktiver, persönlicher und angenehmer gestaltet, so wird er erleben, dass sich die Produktivität in seinem Unternehmen erhöhen wird.

Hier mein Tipp für all diejenigen, die einen Chef haben:

Schenke folgendes Buch:
„The Big Five for Life: Was wirklich zählt im Leben" von John Strelecky.

Denke bitte daran, es vorab auch selber zu lesen; es könnte sein, dass sich dein Chef nach dem Lesen mit dir darüber unterhalten möchte.

Wenn du deine Arbeit liebst und lernst, wie du das Gesetz der Anziehung für dich optimal anwendest, dann wirst DU bei jeder Unternehmung erfolgreich sein. Denke jedoch daran: Es gibt auch ein Gesetz der Ablehnung, das du möglichst umgehen solltest.

„Die Bilanz meines Lebens"

Hast du schon einmal die Bilanz deines Lebens gezogen?

Vielleicht weißt du manchmal nicht, ob dein Leben eher positiv oder negativ ist - sollst du darüber lachen oder weinen?

Zuerst wollte ich dir folgende Liste vorschlagen: Schreibe alles auf, was positiv oder negativ war! Doch weißt du was?

Das kannst du dir auch sparen.

Egal, was passiert war, egal ob positiv oder negativ, du wirst es nicht mehr ändern können! Die Vergangenheit kannst du nicht mehr ändern. Das, was du ändern kannst, ist die Zukunft. Ja, du kannst aktiv deine Zukunft verändern. Wie? Lies einfach immer wieder in diesem Buch, ich habe zahlreiche Tipps dazu aufgeschrieben.

Fang einfach an. Ja, anfangen!

Nimm dir aus diesem Buch etwas heraus und setze es um, egal, ob es ein „Wunschtagebuch" ist, ein

Anlegen deines „Glücksweges" oder das Aufschreiben deiner Ziele.

Fang an, mach einen Schritt weiter nach vorne.

Meinst du, du könntest automatisch Fahrradfahren, indem du darüber ein Buch gelesen hast? Nein, so funktioniert es nicht, du musst dich mit dem Rad vertraut machen, dich einfach mal auf den Sattel setzen und dann auch noch die Füße auf die Pedale bekommen.

Werde ich reich, indem ich ein Buch über Reichtum lese?

Werde ich ein Verkaufsgenie, indem ich ein Training dazu besuche?

Werde ich ein Künstler, indem ich Pinsel und Farbe kaufe?

Ich sage: Eventuell, denn wenn du das Buch liest, das Seminar besuchst und den Pinsel und die Farbe nutzt, machst du einen ersten Schritt in die Richtige Richtung. Das Wichtigste ist jedoch: Auf den ersten Schritt sollte der zweite folgen, dann der dritte, der vierte usw.

Passiert dies nicht, dann bleibst du stehen, dort, wo du bist.

Kennst du das?

Ich persönlich schon, es gibt Dinge, die ich angefangen habe und es gibt Dinge, die ich weitergemacht habe und es gibt Dinge, die ich mir nur vorgenommen habe.

Erfolgreich bin ich in den Dingen geworden, bei denen ich mehr als drei Schritte getan habe, du auch?

Ich hab da gerade wieder so ein verrücktes Bild im Kopf:

Stell dir vor, du sitzt auf dem Sofa und du weißt, im Schrank gegenüber befindet sich eine Tüte Chips oder Schokolade, auf die du jetzt gerade unheimlichen Appetit hast - was machst du?

Richtig, du stehst auf und gehst Schritt für Schritt zum Schrank.

STOPP!

Und nun bleibst du einfach stehen, einfach so, mitten auf dem Weg dorthin.

Warum?

- Dich hat etwas abgelenkt.
- Deine Kraft ist ausgegangen, du kannst nicht mehr weitergehen.
- Du hast die Lust am Gehen verloren …

Sprich, du hast dein Ziel aus den Augen verloren oder du hast deine Motivation verloren, oder?

Ja, das kommt vor, täglich und überall, aber was hilft dir nun dabei, deine Ziele weiter im Blick zu behalten? Was motiviert dich, trotzdem weiterzumachen?

Entweder du entwickelst von allein die Energie weiterzumachen oder du benötigst dazu Unterstützung.

Hast du schon mal in einer Gruppe mit anderen zusammen Sport gemacht oder ein gemeinsames Projekt durchgeführt? Mit Menschen, die das gleiche Ziel haben wie du?

Ich habe es gemacht und ich kann sagen: Es macht Freude, Spaß und motiviert. Und gerade beim Sport brauche ich wirklich jemanden, der mich anspornt und auch mal nachfragt, ob ich nächstes Mal mit dabei bin.

Jeder hat ein „Navi" an Bord!

„Nee, ist klar, was will Christine mir nun wieder sagen?"

Hier meine ich nicht das Navigationssystem, das die meisten von uns im Wagen haben. Nein, ich meine eine Art inneres Navigationssystem.

Ist doch klasse, oder? Wir müssen nur unser Ziel eingeben und los geht es, immer schön der Anzeige nach, wir werden ja geleitet. Selbst bei Staus oder falschen Abfahrten bringt uns unser Navi früher oder später an unser Ziel.

Blödsinn?

Nein, wirklich, es ist so, Du musst es nur aktivieren und wahrnehmen. Die Frage ist doch:

Weißt du, wie du dein persönliches Navigationsgerät anschaltest?

Es ist ganz einfach, indem du ZIELE hast! Denn ohne ein oder mehrere Ziele kann das Navi einfach nicht starten.

Bedenke dabei: Hast du nur ein Ziel und wählst die schnellste Strecke, ohne viele Umwege und Stopps, dann ist die Wahrscheinlichkeit sehr groß, dass du dieses Ziel sehr schnell erreichst.

Hast du mehrere Ziele? Liegen sie auf einem Weg oder eher sehr weit auseinander? Überlege gut, was du deinem Navi angibst:

Ein Ziel mit Zwischenzielen oder eine Rundreise mit viel Hin und Her.

Du hast die Wahl, es ist deine Entscheidung und du hast zahlreiche Möglichkeiten.

Du gehörst zu den Menschen, die keine Ziele haben? OK, damit bist du dann nicht alleine. Ich gebe dir einen Tipp:

Nimm das Gegenteil von dem, was du NICHT willst, dann hast du auch ein oder gleich zahlreiche Ziele.

Fange gleich JETZT an, nimm einen Stift und schreibe auf:

Meine persönlichen Ziele:

- Meine beruflichen Ziele ...
- Meine gesundheitlichen Ziele ...
- Mein Ziel, den Jakobsweg zu gehen ...

Kreiere dir deine Ziele. Anbei eine kleine Hilfestellung, wie du deine Ziele am besten formulierst (übernommen von E. Simon)

Klar und präzise

Realistisch

Eindeutig positiv

In der Gegenwartsform

Ethisch vertretbar

Rigoros für sich selbst

Endbild

Eventuell gibt es dazu einige Fragen, dann melde dich einfach bei mir.

Notizen:

Ich bin dein ständiger Begleiter

Ich bin dein größter Helfer oder deine schwerste Bürde.

Ich treibe dich voran auf dem Weg zum Erfolg oder ich stelle dir immer wieder ein Bein.

Ich mache es genau so, wie du es mir befiehlst.

Die Hälfte dessen, was du tust, kannst du getrost mir überlassen; ich werde alles korrekt, schnell und ohne zu protestieren ausführen.

Ich lerne sehr schnell und zuverlässig. Du musst mir nur genau zeigen, wie du etwas erledigt haben willst, und mit etwas Übung werde ich es automatisch für dich erledigen.

Ich bin der Diener aller großen Frauen und Männer aber genauso aller, die versagen.

Diejenigen, die groß sind, habe ich groß gemacht.

Diejenigen, die versagt haben, habe ich zu Versagern gemacht.

Obwohl ich keine Maschine bin, arbeite ich mit der Präzision eines Uhrwerkes und der Intelligenz eines Menschen.

Du magst mich zu deinem Triumph benutzen oder zu deinem Untergang – für mich macht das keinen Unterschied.

Nimm mich, trainiere mich, sei streng mit mir und ich werde dir die Welt zu Füßen legen.

Sei nachlässig mit mir und ich werde dich vernichten.

WER BIN ICH?

*Lösung

Na? Bist du von allein darauf gekommen? Dieses Rätsel habe ich in so manchen Seminaren angebracht. Es spiegelt wider, wie wichtig und auch beeinflussend Gewohnheiten sind.

Hast du dir schon einmal überlegt, wie deine täglichen Gewohnheiten aussehen? Wie viele Gewohnheiten hast du?

Wie beeinflussen deine Gewohnheiten dein Leben?

Ich gebe dir einen Tipp: Nimm dir einen Stift, ruhig jetzt gleich, und schreibe in einer Spalte alle deine negativen Gewohnheiten auf und in der anderen Spalte die positiven. Sieh dir nun all die negativen Dinge an, die dich an einem besseren, gesünderen, erfolgreicheren Leben hindern. Positiv sind die Dinge, die dich zu dem Leben hinführen, das du gerne leben willst.

Trage ein paar Tage lang alles ein, gerne auch in einem Tagebuch. Schreibe alles auf, was dir einfällt und „begegnet".

Ich bin mir sicher, nach einigen Tagen und schon bei dieser nur sehr allgemein gehaltenen Tabelle wirst du so manche Erkenntnis erhalten.

Lösung:
Ich bin deine Gewohnheit.

Positive Gewohnheiten	Negative Gewohnheiten

Willst du wirklich alle Gewohnheiten behalten?

„Eine Angewohnheit kann man nicht aus dem Fenster werfen. Man muss sie die Treppe hinunter boxen, Stufe für Stufe."

Mark Twain,
Schriftsteller

Wie schön, dass man Gewohnheiten auch ändern kann.

Keine Zeit?

Gerade, wenn du keine Zeit zum Entspannen hast, solltest du sie dir nehmen.

Martin Luther

Wie oft schaust du in dein Postfach am Tag? Wie viel Zeit verbringst du im Chat oder in sozialen Netzwerken? Schaust du Fernsehen? Wie oft und wie lange?

Vielleicht schreibst du mal ein oder zwei Tage lang auf, womit und wie lange du deine Zeit verbringst UND was es dir am Ende bringt. Es könnte sein, dass du ein erstaunliches Ergebnis erhältst.

Zeit gibt es genug, wir müssen sie uns nur für die richtigen Dinge nehmen. Zeit kann man nicht managen, jedoch gut bedacht und bewusst einsetzen.

Was bleibt ...

In dieser Woche ist mir viel begegnet, viele Gefühle, Erkenntnisse und Situationen.

Was ist das für ein Gefühl, wenn man glaubt, von Menschen getäuscht zu werden? Was hat das eigentlich genau mit dir oder mir zu tun? Hast du dir diese Frage auch schon einmal gestellt?

Das Gefühl, wenn man glaubt, belogen und betrogen zu werden, diese erste Hilflosigkeit und eine Art Ohnmacht, nicht wahr?

Doch ist es nicht einfach nur die / deine Sichtweise zu dieser Situation? Kann es eventuell sein, dass der Andere es gar nicht so gemeint hat, so, wie du es auffasst? Kann es sein, dass der andere Mensch gar nicht so weit sieht und überhaupt nicht denkt, dass er andere verletzt?

Das könnte doch sein, oder? Was kannst du nun tun?

Schau dir doch mal die Sache von verschiedenen Seiten an, nur mal so. Versetze dich in die Situation und in den Menschen, der dich gerade so verletzt hat. „Geht nicht" gibt es hier nicht; mache es jetzt einfach mal, denn du musst ja nicht die Person bleiben.

Und? Was siehst und fühlst du? Wieso verhält sich diese Person so? Hat sie Freunde? Richtige Freunde? Ist sie glücklich oder tut sie nur so? Gefällt dir, was du dort siehst und spürst? Willst du mit dieser Person tauschen oder lieber wieder du selbst sein? Kann es sogar sein, dass du ein wenig Mitgefühl mit dieser Person bekommst?

Wie würdest du das Ganze als außenstehende Person betrachten?

Du möchtest das Ganze ganz einfach auflösen? Dann lies im Folgenden die Vergebungstechnik und wende sie an.

Sie gehört zu den wichtigsten Werkzeugen in meiner Praxis, da sie so effektiv und einfach ist und so erleichternd wertvoll.

Vergebungstechnik

Auch bekannt als Ho'oponopono

- Suche dir einen Nachbarn, Verwandte, Partner, Freunde, Kollegen oder eine Situation, mit der du Probleme hast

- Der Beweggrund, warum der Andere so ist, ist nicht dein Problem! Aber du kannst die Resonanz dazu in dir auflösen oder dazu eine neutrale Schwingung erzeugen.

- Frage dich: Wenn ich so handeln würde (wie der Andere), warum würde ich es tun? Welches Gefühl hätte ich dabei?

- Wenn du ein Gefühl IN DIR findest, sage ZU DIR SELBST: "Es tut mir leid, ich liebe mich!"

WICHTIG: Dabei ist es nach wie vor egal, warum der Andere so handelt. Du veränderst nur deine Resonanz dazu, indem du dich fragst: „Wenn ich so handeln würde, was wäre MEIN Beweggrund?" Den änderst du in dir, nicht im Anderen. Die betreffende Person oder Personen sind für sich selbst verantwortlich!

Es geschehen durch diese Übung zwei Dinge: In dir entsteht ein Verständnis, dass es möglich ist, so zu handeln, aus einer eigenen, inneren Situation heraus. Du beginnst das Verhalten des Anderen nicht mehr als Angriff gegen dich zu erleben, sondern als Ausdruck seiner eigenen Probleme und Schmerzen in seinem Leben. Sobald du das durch diese Übung fühlen kannst, **BIST DU FREI**. Du bist automatisch freier und glücklicher, egal, was der Andere tut.

Zweitens: Deine veränderte Resonanz führt sehr häufig auf lange Sicht (oder manchmal auch sofort) dazu, dass der Andere sein Verhalten dir gegenüber ändert, ohne dass du ein Wort dazu zu verlieren brauchst. Sein altes Verhalten passt dann einfach nicht mehr zu deiner Resonanz.

Der Andere kann sich ändern, in dem Moment, in dem DEIN Glück nicht mehr von SEINEM Verhalten abhängt!

Im Teil 2 kannst du dich fragen, warum du dir so eine Situation geschaffen hast und das nun auftauchende Gefühl ebenfalls mit "Ich liebe mich" usw. positiv verändern.

Du kannst jede Übung beenden mit: "Danke, danke, danke". Danke für die Erkenntnis, danke für die erlebten Gefühle, danke für die Liebe.

„Wenn du bereit bist, das Verhalten anderer dir gegenüber als eine Reflexion ihrer Beziehung mit sich selbst anzusehen und nicht als eine Aussage über deinen Wert als Mensch, löst du dich von dem Verlangen, darauf reagieren zu müssen." (Verfasser unbekannt)

Veränderung

Es gibt eine Sache, die in deinem Leben sehr sicher zutrifft:

Veränderungen

Je eher du bereit bist, Veränderungen in deinem Leben zuzulassen, desto eher wirst du dein Leben selbstbestimmt und bewusst mitgestalten.

Deine Überzeugungen und die Kraft deiner Gedanken und Emotionen beeinflussen deine Handlungen. Deine Handlungen entscheiden, welche Richtung dein Leben einschlägt. Lenke deine Gedanken, Emotionen, Handlungen und nächsten Schritte auf das, was du erleben willst.

Ist dir schon einmal aufgefallen, dass in der Natur alles von allein wächst, in einer so wunderschönen Perfektion und das von ganz allein? In der Natur gibt es nur ein Ziel: wachsen und gedeihen um jeden Preis. Warum? Weil in jeder Pflanze, in jeder Saat schon ein Plan besteht. Zu diesem Plan gehört es unter anderem, im Herbst die Blätter fallen zu lassen, sich zu lösen, um etwas Neues entstehen zu lassen. Wenn Hindernisse im Weg stehen, werden diese einfach überwachsen oder durchdrungen.

Auch du tust gut daran, Altes loszulassen, um für Neues Platz zu schaffen. Veränderung ist wundervoll - glaube einfach daran und es wird geschehen.

Stelle dir vor, du hast neue Wohnzimmermöbel gekauft, bist jedoch nicht bereit, die alten Möbel aus dem Zimmer zu nehmen. Es wird dann voll, sehr voll. Du hast kaum noch Platz, dich zu bewegen, und ob das Ganze dann auch noch so nett aussieht?

Entscheide dich, wie Dein Leben aussehen soll, triff deine Wahl!

- Was sind deine Ziele im Leben?
- Was möchtest du verändern?
- Was kannst du loslassen, um für die Veränderung Platz zu schaffen?
- Wie fühlst du dich dabei?

- Denke einfach an dein inneres Navi oder deinen Bauch-Kompass.

- „Ich vertraue auf die Kraft meiner Gedanken. Ich weiß, dass ich dadurch mein Leben verändern kann."

Außer Kontrolle

Hast du das auch schon mal erlebt? Der Moment, an dem man auf dem Bahnsteig steht, eine Durchsage kommt und der Zug Verspätung hat? Nicht so schlimm? Aber was ist, wenn man nun seinen Anschlusszug nicht mehr bekommt oder vielleicht sogar einen wichtigen Flug nicht mehr erreicht? Ein Geschäftstermin deshalb zu platzen droht, oder, oder, oder? Viele Menschen reagieren dann oft unkontrolliert. Ihr Plan ist außer Kontrolle, hinüber.
Was kann man beobachten? Menschen, die vielleicht gewohnt sind, selber Anweisungen zu geben, müssen sich plötzlich einer anderen „Macht" unterordnen. Sie fangen an zu rotieren, regen sich auf, beschimpfen Personal und verlangen nach einer sofortigen Lösung. Hm, kann man ja auch … aber wie wäre es mit: NETT?

Ich denke, wenn wir es schaffen, aus solch einem Drama - denn wirklich witzig ist es ja nicht, wenn so etwas passiert - ein Spiel zu machen, wird unser Leben wesentlich ruhiger, erfreulicher und gesünder. Dass es zu einer Verspätung kommt, sollten wir nicht als persönliche Kränkung ansehen, sondern als eine Gelegenheit.

Gelegenheit?

Ja, wie wichtig war der Termin wirklich, was bringt uns die neue Situation?
Lernst DU eventuell gerade dadurch neue und vielleicht für dich wichtige Menschen kennen? Was für Möglichkeiten können sich für dich daraus ergeben?
Ich sage mir in solchen Momenten:
„Was ist Gutes darin, das ich jetzt noch nicht erkenne?" und „OK, liebes Universum, was willst du mir jetzt zukommen lassen, wozu ist das jetzt gerade gut?" In solchen Momenten heißt es, offen zu sein, Suche nach dem Positiven und du findest es in Kürze.

Eines Tages war ich mit meinem Sohn bei einem Schnellrestaurant; wir hatten etwas gegessen und wollten dann möglichst schnell nach Hause. Wir saßen im Auto, UND? Der Wagen sprang nicht an. Ups? Das Auto hatte mich noch nie im Stich gelassen. Ich probierte es immer wieder und fing nun an zu überlegen, was ich sonst noch machen könnte. Nebenher natürlich immer wieder die Fragen von meinem Sohn: Wieso? Weshalb? Warum? Solche Fragen machen sich echt gut in solchen Momenten… OK, nun stand ich da und dachte nur: „So ein Mist! Ich will doch nur nach Hause!"

Ich setzte mich erneut hinter das Steuer und probierte es aus, UND? Wow, er sprang an! Nach den unzähligen Versuchen vorab war es mir völlig schleierhaft, warum es nun plötzlich klappte. Heute bin ich mir ganz sicher, dass uns diese Zwangspause vor etwas bewahrt hatte. Wer weiß, vielleicht wären wir ansonsten in einen Unfall geraten? Ich für mich sehe es wieder mal positiv. Es beruhigt und ist einfach ein schönes Gefühl. OK, vielleicht habe ich auch nur erfolgreich gewünscht, kann ja auch sein …

Mein Tipp für dich:

Erkenne an, dass nicht immer dein Tempo gilt. Nimm dich wichtig, aber nimm dich nicht zu wichtig. Pünktlichkeit ist eine feine Sache; wenn es jedoch nicht mehr in deiner Macht steht, hat es einen guten Grund. Bleib ruhig, nett und respektvoll.

Wenn du's eilig hast, geh langsam!

Hast du GEDULD?

Oh, welch ein Thema!

Ich sehe schon, wie sich meine Freundin Anett beim Lesen dieser Zeile vor Lachen biegt ... Sie weiß um meine Geduld, obwohl sie sicher zugeben muss, dass sich das in den letzten Jahren bei mir extrem, wirklich extrem verbessert hat.

Bis vor ein paar Jahren war meine grundsätzliche Aussage zum Thema Geduld folgende:

„Wenn ich immer geduldig wäre, hätte ich dies und jenes noch nicht erreicht."

Teilweise stehe ich immer noch hinter diesem Satz, denn dabei denke ich an meine Handlungsweisen und nicht an das Warten auf andere ... Ein gravierender Unterschied, oder?

Was ist Geduld denn eigentlich?

Ich habe dazu eine für mich sehr passende Definition gefunden:

Geduld ist die große Herausforderung der Gelassenheit. Aushalten zu können, dass nicht alles in der Geschwindigkeit läuft, die ich vorgeben möchte, das ist das Ziel.

Heiko Ernst

Dieser Satz sagt fast alles. Ergänzend dazu habe ich eine Erweiterung (von Esther & Jerry Hicks) gefunden, die mich sehr beeindruckt hat und noch den letzten Funken von positiver Ansicht zu Ungeduld wegwischte:

„Ungeduld ist ein Zeichen von Mangel, welchen wir dann ausstrahlen, um damit genau das anzuziehen, was wir so vermeiden möchten."

Wumm! Das saß, jedenfalls bei mir …

Na also, wenn ich eines möchte, dann ist es ja wohl Fülle. Ok, das war wieder ein Moment, in dem ich merkte: „Ja, auch Frau Hofmann lernt immer weiter dazu, und das ist ja auch ganz gut so *grins*."

Nun zur Frage: Was kann helfen, geduldiger zu sein?

Es ist eine Herausforderung an sich, nehmen wir uns nicht als Maß der Dinge. Natürlich ist es toll, wenn man schnell und dabei auch noch gut arbeitet. Aber eventuell gibt es auch Vorteile, wenn man etwas langsamer ist. Dann betrachtet man die Dinge möglicherweise mit einem kühleren Kopf, sieht vielleicht eine Unwegsamkeit und kann sie vorzeitig beseitigen. Mit mehr Gelassenheit und Zeit sehen wir einige Dinge im Leben eher, und wenn es die Blume am Wegrand ist oder das Eichhörnchen auf dem Baum im Garten nebenan.

Erkenne einfach an, dass Menschen ein unterschiedliches Zeitgefühl haben.

Wenn ich etwas zu einem bestimmten Zeitpunkt haben möchte, kündige ich es auch so an. Bei Kindern und auch bei einigen Erwachsenen plane ich von vornherein mehr Zeit ein.

Wer notorisch eine halbe Stunde zu spät kommt, dem sag ich einfach eine Uhrzeit 30 Minuten früher *hihi, das klappt wirklich*.

Kennst du das auch?

Es gibt so Tage, ...

- da steht man morgens auf und ist müde.
- da hat man einfach die Nacht schlecht geschlafen, warum auch immer.
- da möchte man sich nach dem Aufstehen am liebsten wieder hinlegen.
- da fühlt man sich leer und unmotiviert.

Was macht man da?

Ich erzähle mal, was ich da mache:

- aufstehen und mich einfach mal im Spiegel anlächeln - das ist schon der schwerste Teil.
- an einen tollen Moment denken, wie z. B. blauen Himmel und Sonnenschein.
- mir schon am Morgen schöne Musik anhören und kleine Nachrichten mit lieben Menschen austauschen (für Morgenmuffel gibt es da ja Skype, SMS oder auch Facebook ...).
- mir harmonisierende Bilder oder Videos anschauen, ich geh dafür gerne auf YouTube.

Für mich hat es etwas Hoffnungsvolles, ich kann einfach neu durchstarten.

So, nachdem ich das heute so gemacht und dann auch gleich mit diesem Eintrag verbunden habe, kann ich den Tag meistern.

Ich wünsche dir einen wunderbaren Tag.

Platz für deine Gedanken:

_____

_____

_____

_____

_____

_____

_____

_____

In der Ruhe liegt deine Macht

* Wenn du „Ja" sagst und in Wahrheit „Nein" meinst, erzeugst du in dir immer Stress.

Sagen wir mal, jemand bittet dich um etwas und du sagst nur ja, weil du dich verpflichtet fühlst. OK, du machst es und merkst dann kurz darauf, dass du eigentlich gar keine Zeit für diese Gefälligkeit hast. Was passiert? Eine innere Unruhe entsteht, du fragst dich: „Warum habe ich das wieder gemacht, nun muss ich mich abhetzen, nur weil ich wieder nicht „Nein" sagen konnte."

Also sag doch einfach mal ehrlich NEIN, wenn es zurzeit nicht in deinen Plan passt. Dies kann für ganz verschiedene Situationen gelten: Job, Freizeitplanung, Partnerschaft etc. Wie alles im Leben ist es DEINE ENTSCHEIDUNG, deine Wahl, die du triffst.

* Wenn du dich in einem ruhigen Zustand befindest, kann dich kaum etwas aus der Fassung bringen. Du bist einfach friedlich. Angst verschwindet oder hat erst gar keine Chance.

* Stress führt dazu, dass du irgendwann nicht mehr klar denken kannst, Dinge übersiehst und eventuell sogar falsche Schlüsse ziehst.

* Sorge dafür, dass du möglichst oft am Tag lachen oder lächeln kannst; die damit erzeugten Hormone wirken sich positiv auf dich aus. In der Ruhe liegt die Kraft. Gönne sie dir ausgiebig und genieße sie.

Bist du ruhig und gelassen, kannst du alles besonnen angehen. Und darin liegt „deine Macht".

Platz für deine Gedanken:

_____

_____

_____

_____

_____

_____

Du bist machtvoll

Du bist wertvoll und einzigartig;

- es lohnt sich immer, wenn du in dich investierst (Zeit, Geld, Liebe, Anerkennung, Wissen).
- dass du hier bist, ist kein Zufall. Du spielst eine Hauptrolle in einem wichtigen Film. Finde DEINE Rolle und nimm sie an, du bist ein wichtiger Bestandteil der Menschheit.
- du kannst frei sein in deinen Entscheidungen und vor allem in deinem Denken. Das bedeutet, was dich umgibt, hast du selbst gewählt, bewusst oder unbewusst. Du hast **die Macht** zu wählen, wie dein Leben verläuft.
- das Universum kann dir alles geben. Du hast ein Anrecht auf die Fülle, die es gibt, doch nur du alleine hast die Macht, dich in diesen Zustand zu bringen - nur du allein.
- dort, wo du deine Energie und Aufmerksamkeit hinlenkst, wird sie verstärkt. Werde dir bewusst, was und wie du denkst, denn es beeinflusst dein Leben.

Guten Morgen, liebe Sorgen

NEIN! HALT! STOPP!

Es geht auch anders:

Abends mit schönen Gedanken schlafen gehen und morgens den Tag so starten, schon einmal ausprobiert?

Nein? Dann wird es Zeit!

Blicke zurück in deinem Leben und nimm dir drei Situationen, die dich fröhlich stimmen. Was ist dir schon einmal sehr gut gelungen? Was hat dir besonders Spaß gemacht? Was bringt dich zum Lachen?

Schau in deine Lebensbereiche, wie „Partnerschaft" oder „Beruf", vielleicht hast du auch Glanzleistungen im Bereich Gesundheit vorzuweisen. Für den einen ist es der Marathonlauf, für den anderen der Fußmarsch die Treppe rauf, anstatt mit dem Aufzug zu fahren.

Egal, in welchem Bereich: erinnere dich, mache es dir bewusst, was du schon alles erreicht hast und starte so in den Tag. Drei Dinge, das reicht schon - probiere es aus.

Kleine Handlung mit großer Wirkung. Deine Ausstrahlung wird deinen Tag positiv beeinflussen – garantiert.

Doch wenn man mit trüben Gedanken abends ins Bett geht, kann der folgende Tag schon mal so beginnen wie in dem Lied von Jürgen von der Lippe.

Platz für deine Gedanken:

_____

_____

_____

_____

_____

_____

Das Taschenbuch für den täglichen *KICK*

Selbstvertrauen

… ist der Schlüssel, der jede Tür öffnet.

Sinnspruch

Mehr Selbstvertrauen

Baue eine Beziehung zu dir selbst auf.

Lerne dich selbst besser kennen. Setze dich ruhig hin und höre in dich hinein. Wer bin ich, was möchte ich im Leben, was sind meine Ziele und was macht mir im Leben Spaß? Was ist wirklich wichtig für mich in meinem Leben?

Mache diese Übung einfach jeden Tag für ca. 5 Minuten, das reicht schon und du wirst anfangen, eine wirklich gute Beziehung zu dir selbst aufzubauen.

Sag einfach den Menschen, denen du begegnest, ein freundliches „Hallo" und lächle dabei. Der Dame an der Supermarktkasse, dem Jungen, der mit dir an der Ampel steht, deiner Nachbarin, mit der du schon seit ewigen Zeiten kein Wort mehr gewechselt hast.

Du wirst sehr schnell merken: Dein Lächeln kommt zurück in Mimik und eventuell sogar in Worten.

Ein sehr schöner Moment, denn nahezu jeder freut sich und du wirst dafür der Auslöser sein. Ja, du! Ist das fantastisch? Werde dir deiner Wirkung auf andere bewusst und genieße, immer und immer wieder.

Wen kannst du alles anlächeln?

_____

_____

_____

_____

_____

_____

Einen Moment bitte ...

Kann das sein?

Nun neigt sich wieder einmal ein Lebensjahr dem Ende entgegen und ich frage mich doch tatsächlich:

„Wie, schon wieder ein Jahr um? Das kann doch gar nicht sein."

Doch, es kann.

Es ist viel geschehen in diesem Jahr und ich bin daran gewachsen, an den Dingen, Situationen und Herausforderungen.

In manchen Momenten war mir da schon mulmig, wenn ich etwas Neues angefangen habe, ein Ziel verfolgte oder einfach mal wieder „ins kalte Wasser" gesprungen bin. Tja, was soll ich sagen, ich lebe und mir geht es insgesamt besser als vorher.

Viele Dinge hätte ich vor ein paar Jahren sicherlich nicht getan, geschweige denn geahnt, aber wie wunderbar ist es doch, dass man sich verändern kann und einfach das Universum mal machen lässt.

Würde mich jemand fragen, ich würde wohl alles noch einmal so machen, denn jeder Tag war es wert, gelebt zu werden.

Ja, auch die nicht so schönen, denn das sind die Tage, die uns weiterbringen. Alles hat zwei Seiten und es ist doch mehr als wundervoll, dass sich aus jeder negativen Situation etwas Positives machen lässt, oder?

Ich sehe das so: Selbst ein Regentag ist wunderbar, denn die Natur braucht den Regen, um zu gedeihen. OK, meine Frisur braucht ihn nicht so unbedingt, aber naja, schöne Gelegenheit, sich eine neue Kopfbedeckung zu kaufen.

Also, alles mal wieder eine Frage der Sichtweise …

Übrigens schaue ich hier regelmäßig mal durch, was ich so geschrieben habe. Und? Richtig, auch ich finde dabei Tipps und Übungen, die ich selber mal wieder umsetzen sollte.

Also, lieber Leser, einfach immer mal wieder durchblättern und die Artikel erneut studieren.

Wissenschaftlich ist es ja inzwischen bewiesen, dass beim Lesen nur 10 % des Inhaltes „hängenbleiben", also …

Glücklich und erfolgreich sein

„Erst wenn Sie gelernt haben, tolerant mit denen zu sein, die nicht immer einer Meinung mit Ihnen sind, erst wenn Sie sich angewöhnt haben, auch denen ein nettes Wort zu sagen, die nicht Ihre Bewunderung haben, erst wenn Sie bei anderen mehr auf das Gute statt auf das Schlechte achten, haben Sie eine Chance, glücklich und erfolgreich zu sein."

Napoleon Hill

Platz für deine Gedanken:

_____

_____

_____

_____

_____

_____

Das Taschenbuch für den täglichen *KICK*

Tage wie diese ...

... kennt jeder, oder?

Es gibt Tage, da scheint nichts so recht zu laufen wie es soll ... Tage? Oder sogar Wochen?

Es ist der erste Blick auf die Dinge, der uns alles so schrecklich wirken lässt; ich weiß, wovon ich rede, denn ab und an ergeht es auch mir so ...

Schauen wir doch mal gemeinsam zurück. Wie war das im vergangenen Jahr? War da wirklich A L L E S schlecht? Gab es da nicht auch Momente, wo du fühltest: „Wow, das ist klasse, super. Welt, ich bin da!"

Nein? Wirklich nicht? Na, irgendwo in den 365 Tagen gab es den Moment, da bin ich mir sicher. Wo Schatten ist, da ist Licht, wo Schwarz, da Weiß ...

Was fällt mir da denn so auf Anhieb ein? Schauen wir mal.

Hier nun eine kleine Zusammenfassung meiner Highlights aus mehr als nur einem Jahr:

- Reisen und Abendteuer in Ägypten, Kairo, den Pyramiden, Indien, den Kanarischen Inseln und Zypern.

- Grad erfahren: Filmfestspiele in Cannes!

- Neue passive Geldströme tun sich auf

- Viel gute Laune auf verschiedenen Seminaren

- Hey, ich bin jetzt ein Lion :)

- TV-Aufnahmen, Interviews und Rednerin auf Kongressen

- Hey, Sir Richard Branson und ich auf einer Bühne, wie genial war das denn?

- und, und, und

Tja, ich muss sagen, meine letzten Jahre brachten echt tolle Erlebnisse. Wenn ich alle Tage des Kalenders einzeln Revue passieren lassen würde, fände ich sicherlich noch einiges, was mir gerade entfallen war.

Weißt du was? Mir geht es schon viel, viel besser als vorhin - viel besser.

Einmal tief durchgeatmet und nun ist der Weg frei für die Gedanken und Wünsche, die ich wirklich erleben will.

Also, einfach mal nachmachen, wenn mal wieder so ein grauer Tag aufgezogen ist.

Es hilft, ich hab es ja gerade bewiesen.

Platz für deine Gedanken:

_____

_____

_____

_____

_____

_____

_____

Habe Mut und dir gehört die Welt

Du kannst aus eigener Kraft so viel mehr erschaffen als du dir je vorgestellt hast. Oft fehlt uns einfach nur ein bisschen, eine besondere Energie: der Mut

„Dem Mutigen gehört die Welt"

Meistens ist es egal, worum es sich handelt, eine große Unternehmung oder eine kleine Entscheidung. Die Angst vor dem nächsten Schritt ist oft größer als der Schritt selbst. Die innere Hürde ist einfach zu nehmen und dafür bedarf es dann MUT. Auch in deinem Leben geht es um Wachstum und Entwicklung; wenn du nicht den Mut hast, etwas Neues anzufangen, wie willst du dann wachsen und dich weiterentwickeln? Was bedeutet das für dich? Für viele Menschen bedeutet das Frustration und Enttäuschung.

Es ist wichtig für dich, deine Stärken zu finden, die innere Kraft und dein Potenzial. Was kannst du alles erreichen, wenn du deine Stärken kennst? Was kannst du erreichen, wenn du mit Leichtigkeit dein Potenzial nutzt und in deinen Alltag integrierst?

Was wäre, wenn du jeden Tag das machen würdest, was dir wirklich Spaß macht?

Du hättest deine Lebensaufgabe gefunden, oder?

Lebe deine Kraft und Stärke zum Wohle aller und bleibe in deinen Handlungen weise und verantwortungsvoll. Wenn du das erreichst, dann bist du im Fluss deines Lebens und damit einfach glücklich.

Wage den Sprung, stärke deinen Willen, behalte dein Ziel im Auge und gehe kraftvoll deinen Weg. Finde heraus, was du brauchst, um mehr Mut zu haben. Erkenne, was dich davon abhält und löse es auf.

Ich träumte einen Traum ...

Gottes Geschenk an dich sind mehr Talent und größere Fähigkeiten, als du jemals in einem Leben einsetzen kannst.

Dein Geschenk an Gott ist es, so viel wie in einem Leben möglich von diesem Talent und den Fähigkeiten weiterzuentwickeln und einzusetzen.

Steve Bow

Es gibt Menschen auf der Welt, die es sich einfach machen und ihren Traum leben.

„Ich gehöre dazu!" – Christine Hofmann

Danke

an alle, die mir bei diesem Projekt geholfen haben und danke an alle, die dieses Buch lesen und vielleicht auch als Geschenk für andere erwerben.

Christine Hofmann

Jeder Mensch ist dazu bestimmt, zu leuchten!

Unsere tiefgreifende Angst ist es nicht, dass wir ungenügend sind.

Unsere tiefgreifende Angst ist es, über das Messbare hinaus kraftvoll zu sein. Es ist unser Licht, nicht unsere Dunkelheit, das uns am meisten Angst macht.

Wir fragen uns: „Wer bin ich, mich brillant, großartig, talentiert oder fantastisch zu nennen?" Aber wer bist du, dich nicht so zu nennen?

Du bist ein Kind des Lichts.

Sich selbst klein zu halten dient nicht der Welt. Es ist nichts Erleuchtetes daran, sich so klein zu machen, dass andere um dich herum sich unsicher fühlen.

Wir sind alle dazu bestimmt, zu leuchten, wie es die Kinder tun.

Wir sind geboren worden, um den Glanz des Lichts, welches in uns ist, zu manifestieren.

Es ist nicht nur in einigen von uns, es ist in jedem einzelnen. Und wenn wir unser eigenes Licht erscheinen lassen, geben wir unbewusst anderen Menschen die Erlaubnis, dasselbe zu tun.

Wenn wir von unserer eigenen Angst befreit sind, befreit unsere Gegenwart andere.

>Der Text ist ein Ausschnitt des Buches „Rückkehr zur Liebe" oder in Englisch „Return to Love" von Marianne Williamson

Noch mehr Platz für deine Gedanken und Ideen!

Noch mehr Platz für deine Gedanken und Ideen!

Über mich - Christine Hofmann

Seit 2008 bin ich als Coach, Rednerin, holistische Mentorin und Autorin mit Herz und Verstand unterwegs. Ich habe es geschafft:

Raus aus dem Arbeits- **und** Erfolgs-Hamsterrad, rein in ein bewusstes, ganzheitliches und ausgeglichenes Leben. Erfolgreich zu sein bedeutet in meinen Augen nicht nur ein gutes Einkommen und Ansehen zu haben, sondern vielmehr eine ausgeglichene Balance in allen Lebensbereichen zu erreichen und zu halten.

Wichtig ist mir, dass man sich auf sich selbst und den eigenen Lebenssinn konzentriert, um dann andere mit dem vollen Potenzial unterstützen zu können.

Ich entfache dein inneres Feuer, sprenge Ketten und bringe deine Potenziale zur Wirksamkeit. Viele Menschen scheitern bei der Erreichung ihrer Ziele an ihren inneren Barrieren. Mit Coaching, Mentoring, Vorträgen, Workshops, Büchern, Video-Kursen und Audios unterstütze ich Menschen, ihre Lebensziele aufzuspüren und wider alle Herausforderungen zu (er)leben. Freude und Spaß, vor allem im Business, bedeutet für mich, die Magie in allen Dingen wiederzufinden – Meet your Business Spirit!

Meine Lebensaufgabe ist es, Menschen dabei zu unterstützen, an ihre wahre Kraft zu kommen. Ob erfolgreiche Unternehmer oder diejenigen, welche noch ganz am Anfang stehen oder noch mal von vorne starten: Jeder Mensch hat das Recht, wenn nicht sogar die Pflicht sich selbst gegenüber, glücklich, frei und erfolgreich zu sein.

In über 20 Jahren als MTLA im Gesundheitswesen und über neun Jahren Selbstständigkeit habe ich viele Sichtweisen erlebt und mitgenommen. Ob als Angestellte und berufstätige Mutter, die ihre Aufgaben erledigte und ausführte, oder auch als Führungspersönlichkeit, die verantwortlich delegierte und ein Unternehmen führte,
eines ist auf allen Positionen gleich: Erfolg kommt vom TUN, so abgedroschen der Satz auch klingen mag, doch noch wesentlich erfolgreicher ist derjenige, der das mit Spaß, Freude und eigener Motivation macht!

„Fange nie an aufzuhören, höre nie auf anzufangen."

Als Coach und holistische Mentorin ist es mir wichtig, dass du durch unsere Zusammenarbeit:

leicht und sicher richtige Entscheidungen triffst und mehr Einkommen und Wohlstand generierst.

Herausforderungen mit Gelassenheit meisterst und positive Resultate erhältst.

in allen Lebensbereichen glücklich, erfolgREICH und mehr als nur zufrieden bist.

herausfindest, was dich wirklich glücklich macht und dein Ding dann durchziehst.

selbstbewusst, sicher, mutig und selbstbestimmt deine neu gesetzten Ziele erreichst.

Freude und Authentizität als Katalysator für dich nutzt, um immer mehr Erfolge zu feiern.

Wenn du das auch möchtest, dann melde dich bei mir!

DANKE an dich und dein Sein!

Danke, DU hast mich beflügelt.

Danke, DU bist der Grund meines Seins.

Danke, DU hast mir gezeigt, was ich wirklich will.

Danke, DU aktivierst meine Magie.

Danke, du hast mir Raum gegeben für Neues.

Danke, dass DU mir zeigst, dass es richtig ist, ich selbst zu sein.

Danke, dass DU ehrlich zu mir bist.

Danke, für deine Zeit und Dein Feedback.

Danke, für dein Vertrauen.

Danke, für das gemeinsame Lachen und die Freude.

Danke, du bist wundervoll.

Danke, dass wir ein Stück meines Weges gemeinsam gehen.

Ich danke DIR und ALLEN, die mir Freude, Liebe, Dankbarkeit und Erkenntnis gegeben haben; es ist die Energie, die mich wirken lässt.

Christine Hofmann

Hier findest du mich:

https://christinehofmann.com/kontakt/

Telefon: +49-40-84052604

E-Mail: email@christinehofmann.com

Blog: www.blockaden-lösen.com

Xing: www.xing.com/

FB: www.facebook.com/ChristineHofmann

Einen Moment bitte ...

Mein YouTube-Kanal:

https://www.youtube.com/christinehofmann

mit vielen weiteren Informationen und zahlreichen Webinar-Aufzeichnungen.

Holistisches Mentoring:

https://christinehofmann.com/HM

Coaching:

https://christinehofmann.com/EC

Access Bars® Kurse:

https://christinehofmann.com/ABK

Meine Produkte für dich:

https://christinehofmann.com/shop

Meine Geheimtipps:

https://christinehofmann.com/GT

Was möchtest du in deinem Leben noch alles tun, sein oder haben?

Schreibe alles hier auf!

Das Taschenbuch für den täglichen *KICK*

Nutze die folgenden Seiten als ein

Mini-Vision-Board!

Schneide Bilder aus Prospekten, Magazinen oder Katalogen und klebe sie auf den folgenden Seiten rein. Du kannst auch malen oder was dir noch so einfällt.

Trage deine Wünsche, Träume und Ziele immer bei dir!

Hier ist Platz für dein Mini-Vision-Board!

Einen Moment bitte ...

Hier ist Platz für dein Mini-Vision-Board!

Hier ist Platz für dein Mini-Vision-Board!

Hier ist Platz für dein Mini-Vision-Board!

Hier ist Platz für dein Mini-Vision-Board!

Meine Buchempfehlungen

The Secret - Das Geheimnis
Rhonda Byrne

The Magic
Rhonda Byrne

The Law of Attraction:
Das kosmische Gesetz hinter The Secret
Ester & Jerry Hicks

Erkenne den Reichtum in Dir
Bob Proctor

Glaube an Dich und werde reich:
Die Fortsetzung des Bestsellers „Denke nach und werde reich"
Napoleon Hill

So denken Millionäre: Die Beziehung zwischen Kopf und Ihrem Kontostand
T. Hard Eker

Das Gesetz der Resonanz
Pierre Franckh

Weitere Buchempfehlungen

The Big Five for Life: Was wirklich zählt im Leben
John Streclecky

Das Wunder der Selbstliebe:
Der geheime Schlüssel zum Öffnen aller Türen
Bärbel & Manfred Mohr

Geheimcode - Erfolgsspirale
Endlich as Prinzip des Erfolges verstehen
Christine Hofmann

Die Macht der Dankbarkeit spüren ...
Schnell, einfach und effektiv!
Christine Hofmann

Das Nachfolgewerk von Christine Hofmann
Geheimcode Erfolgsspirale

Endlich das Prinzip des Erfolges verstehen

Die drei Geheimnisse glücklicher Menschen:

Akzeptiere, wer du bist! - Mache das Beste aus jedem Tag! Sei dankbar für alles, was du hast!

Verfasser unbekannt

Glück verleiht Flügel. Und wenn wir großes Glück haben, dürfen wir sie auch eine Zeit lang behalten.

Ernst Ferstl

Ich glaube, mein Leben war wundervoll. Ich habe getan, wozu ich Lust hatte. Mir wurde Mut geschenkt und Abenteuergeist, und das hat mich getragen. Und dann auch Sinn für Humor und ein bisschen gesunder Menschenverstand. Es war ein sehr reiches Leben.

Ingrid Bergmann

Einen Moment bitte ...